JULES SIMON

Figures et Croquis

PARIS

ERNEST FLAMMARION, ÉDITEUR

26, RUE RACINE, 26

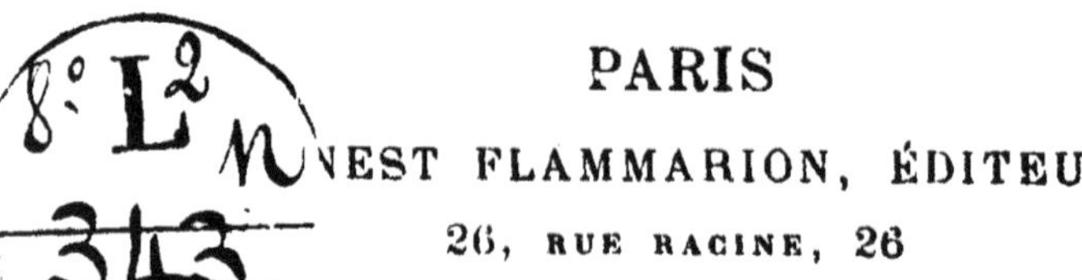

FIGURES ET CROQUIS

OUVRAGES DU MÊME AUTEUR

Collection in-18 jésus à 3 fr. 50 le volume.

Premières années. . . . . 1 vol.

Le soir de ma Journée . . . . 1 —

Derniers Mémoires. Ill. par Lœwitz . . 1 —

Mémoires des autres. Illustrations de
Noël Saunier . . . . 1 —

Nouveaux Mémoires des autres. Illustrations de Léandre. . . . . 1 —

JULES SIMON

Figures

et

Croquis

PARIS

ERNEST FLAMMARION, ÉDITEUR

26, RUE RACINE, 26

Un homme n'a pas été, pendant près d'un demi-siècle, dans la politique sans avoir été mêlé à beaucoup d'événements et sans avoir côtoyé beaucoup de personnages. De là une tentation bien naturelle de fixer ses souvenirs, soit en racontant l'histoire dont on a été le témoin, soit en ébauchant le portrait des acteurs qui ont joué, à diverses époques, un rôle sur la scène politique.

Jules Simon a donné plusieurs volumes de mémoires : ses mémoires personnels et les mémoires des autres.

S'il faut une grande indépendance et une grande sérénité pour juger les événements sans voir le recul du temps, il est encore plus délicat de juger les hommes. On risque de subir l'influence de ses sentiments ou de ses idées, et le cœur peut avoir des faiblesses que la passion politique ignore.

De là un conflit entre l'amitié encline à l'indulgence et l'esprit de parti orienté vers la sévérité.

Il faut avoir une âme fortement trempée pour s'affranchir de toutes les considérations d'ordre contradictoire qui peuvent paralyser votre impartialité.

Jules Simon aimait volontiers à donner des portraits de ses contemporains et de ceux qui l'avaient précédé.

Ses fonctions de secrétaire perpétuel de l'Académie des sciences morales et politiques l'obligeaient à lire chaque année une notice sur un de ses confrères décédés. Il s'appliquait à rendre à tous une justice éclatante, même à ceux dont il ne partageait pas les doctrines.

Tant qu'il s'agissait de philosophes, d'historiens, d'économistes, l'effort pouvait être moins méritoire. Il l'était davantage quand il s'agissait de présenter un homme d'État ou seulement un homme politique.

Ayant été en relations avec beaucoup de personnages dont le rôle a été considérable, ayant lutté avec quelques-uns, ayant été obligé de se séparer d'autres, dans des circonstances où sa conscience lui commandait un divorce, il devait être tenté, non seulement de retracer la physionomie des hommes dont il avait été l'ami ou l'adversaire, mais de conter les anecdotes dont il avait été le confident.

De là des portraits colorés, vivants, variés, fidèles, écrits avec cette impartialité, cette équité, cette hauteur de vue qui le plaçaient au-dessus de toutes les petitesses et de toutes les rancunes.

On en trouvera la preuve dans le jugement qu'il a porté sur les hommes avec lesquels il a été en lutte.

Si un certain nombre de ces portraits, ignorés jusqu'à ce jour, sont publiés seulement aujourd'hui, c'est qu'ils prennent leur véritable caractère avec le recul des années, maintenant que la plupart des personnages mis en scène sont entrés dans l'histoire.

Ces appréciations, présentées par un témoin, ont d'autant plus de saveur qu'elles ont reçu la patine du temps. Elles ne peuvent plus être dénaturées par les polémiques toujours ardentes, alors que les événements trop rapprochés exaltent les colères, encouragent les parti-pris et troublent les opinions.

Presque tous les personnages qui défilent dans ce livre ont passé par le salon de Jules Simon, par ce salon qui, pendant trente-cinq ans, a été fréquenté par tous ceux qui ont eu un nom dans la politique, dans les lettres, dans les sciences, dans les arts, sous le Second Empire et sous la Troisième République.

Gustave SIMON.
Charles SIMON.

INTRODUCTION

La tragédie est la même pour nous tous. On vous jette la dernière pelletée de terre sur la tête et en voilà pour jamais.

En sortant du cimetière, les survivants disent encore un mot de vos vertus ou de vos vices; puis ils sont repris par les luttes de la vie et perdent jusqu'à votre souvenir.

Caro me disait que la réputation d'un académicien durait deux ans. Il ne parlait, bien entendu, ni de Corneille ni de Victor Hugo.

Il faut trois mois au secrétaire perpétuel pour composer l'éloge du dernier mort.

Quand il commence à l'écrire, la mémoire de son héros est présente à tous les esprits ; elle est partout effacée, trois mois après, quand il écrit les dernières lignes.

Conversez à la Chambre avec un vieux député, au théâtre avec un vieil abonné ; ils vous parleront de grands orateurs ou de grands comédiens dont vous ne savez plus les noms. Vous voyez dans les musées des toiles qui vous font sourire. Le sujet, la composition, l'exécution, tout vous paraît d'un ridicule achevé. « Otez-moi cet objet » ; il a été mis là en grande pompe, il y a cinquante ans, au milieu de l'admiration universelle.

Le peintre disait : « Je compte sur la postérité ». Les deux ans de Caro ! et encore !

A considérer seulement les funérailles, sans aller au delà, elles sont fécondes en surprises.

Nous n'avons pas eu en France de funérailles royales depuis celles de Louis XVIII.

Trois hommes, parmi ceux que j'ai connus familièrement, ont eu des funérailles presque royales : Thiers, Gambetta, Victor Hugo. On pourrait, par passe-temps, comparer celles de Gambetta et de Jules Favre ; celles de Thiers et de Guizot ; celles de Victor Hugo et de Lamartine. Les différences sont faciles à expliquer. Le fait et l'explication du fait sont également dignes de méditations.

Il n'y aurait eu personne ou presque personne derrière le convoi de M. Thiers s'il était mort trois ans plus tard ; vous savez l'histoire de ses statues.

Victor Hugo restera un des grands poètes, non de la France, mais de l'humanité.

Il a été un grand citoyen, plaidant les grandes causes avec autorité et marchant toujours vers la lumière.

Lamartine est, comme Victor Hugo, un très grand poète. Il a été, comme lui, l'étoile d'une grande révolution dans l'art ; il a été la bonté, la bienfaisance, le dévouement ;

il a été l'une des gloires les plus pures de la Tribune.

A une heure solennelle de sa vie, il a été le salut de la France.

Comment est-il mort? A-t-il le Panthéon pour sépulture? A-t-il eu pour catafalque l'Arc de Triomphe? Il n'y a eu personne derrière le convoi de Lamartine.

Non omnis moriar, je ne mourrai pas tout entier. C'est Horace qui parle ainsi dans la plénitude de son droit, puisque la splendeur de son nom n'a fait que s'accroître pendant vingt siècles.

Que d'hommes en ont dit autant qui ont été seuls à le dire!

C'est vrai pour Horace, et, en dehors des écrivains et des artistes de génie, pour quelques hommes, rois ou grands citoyens, dont la vie a exercé une grande influence sur les affaires humaines.

Qui res humanas miscuit.

Cette autre vie n'est que la perpétuité d'un nom.

Ce nom a rempli les journaux au moment de la mort; il se retrouve dans quelques histoires; on l'écrit quelque part sur quelque plaque de marbre.

Je voudrais que quelqu'un prît la peine de faire la liste de ceux de nos contemporains célèbres qui ont une statue et de ceux qui n'en ont pas.

On trouverait peut-être, parmi les premiers, quelques grands hommes à supprimer et, parmi les seconds, quelques oubliés à réhabiliter.

Il y aurait lieu quelquefois de changer le classement. Tel faux grand homme serait renvoyé dans la classe des bustes, ou même dans celle des simples plaques commémoratives.

Nous nous hâtons trop de donner les rangs. On prend, en quelque sorte, la mesure du mort quand on est encore réuni autour de sa bière. — Un buste? — une statue? — une plaque? — Il devra se contenter d'une plaque. Il aurait peut-être eu sa statue comme un autre, s'il n'était pas mort pendant les vacances.

La gloire ne sait pas toujours ce qu'elle fait. Pendant la vie, elle délaisse les véritables grands hommes pour s'attacher à des charlatans. Elle n'est pas plus équitable après la mort. Toutes les victimes s'écrient : « j'en appelle à la postérité. » C'est peut-être en appeler d'une catin à une autre.

Il n'y a qu'un juste juge de la valeur des hommes, et il faut le chercher en dehors de l'humanité.

C'est un curieux sujet de réflexions pour ceux qui ont vécu avec beaucoup de grands hommes, de comparer les jugements dont ils étaient l'objet de leur vivant à ceux qu'on porte sur eux quand la pièce est jouée. Les erreurs sont également fréquentes des deux côtés du tombeau.

Tel qui a ébloui ses contemporains, est oublié ou dédaigné après sa mort.

Tel autre, qu'on ignorait ou qu'on calomniait, commence à être aimé ou admiré après qu'il a disparu.

Il devient l'objet d'une découverte et fait la joie d'un érudit.

On dit : Se reposer dans la mort. C'est le mot de Luther devant le cimetière de la Warbourg. *Beati quia quiescant.* Quel est ce repos ?

Pour le corps, c'est la dissolution. Pour l'âme, c'est la résurrection qui peut être formidablement agitée. Pour le nom, s'il survit, c'est peut-être la lutte éternelle.

Quand la postérité est juste, et la foule reconnaissante, c'est un bonheur de s'associer à elles pour fêter les heureux grands hommes à qui elles n'ont pas marchandé la gloire. C'est un bonheur aussi, mais un bonheur mêlé de tristesse, de rechercher, de retrouver les héros ignorés, les grandes actions oubliées, de rendre justice aux morts. Plus d'un, parmi eux, a vu naître, de

son vivant, la légende sous laquelle, une
fois mort, il devait être écrasé.

Une des choses qui m'étonne le plus,
c'est la facilité d'oublier, dont nous sommes
doués. On dit que c'est fort heureux, et que
cela nous empêche de succomber sous le
poids du malheur. Cela nous débarrasse
aussi du poids de la reconnaissance. Je sais
qu'il y a beaucoup de gens pour qui le
souvenir d'un service reçu est un pesant
fardeau. Pour moi, je l'avoue, j'aime à être
reconnaissant. Quand j'essaie de faire revivre un instant les hommes en compagnie
desquels j'ai travaillé et lutté pendant ma
jeunesse, c'est dans l'espoir de les montrer
par leurs beaux côtés.

Je veux vous montrer quelques grands
hommes, réels ou supposés, au moment où
ils passent du grand bruit qu'ils ont fait
pendant leur vie au silence partiel ou total
qui les attend dans l'avenir.

Quel que soit le sort des grands hommes
connus pour tels, je n'ai jamais pitié d'eux.

La gloire est une telle récompense qu'elle doit consoler du malheur. Je réserve mes sympathies pour les hommes distingués dans le genre médiocre, qui ont presque le droit de se tromper sur eux-mêmes, parce qu'ils sont sur la frontière du génie, et que l'opinion publique les rejette la plupart du temps... sur l'autre frontière.

Je vous dirai comme renseignement sur moi-même, que l'impartialité m'a toujours été très facile. Je ne sais pas si c'est une qualité ou un défaut. C'était un défaut, suivant Vaulabelle, qui me quitta à cause de cela : « Il ne sait pas haïr, » disait-il de moi.

Il en concluait que je ne savais pas aimer. Ce qui n'avait pas le sens commun.

Quoique je fasse étalage de mon impartialité, je n'en suis pas moins un témoin très suspect, notamment quand il s'agit de Thiers ou de Gambetta.

J'ai été l'ami et le collaborateur de Thiers ;

j'ai été, tour à tour, l'ami et l'ennemi de Gambetta. Je le répète donc, il n'y a pas de témoignage plus suspect que le mien. Je suis bien aise de vous le donner.

JULES SIMON

FIGURES ET CROQUIS

THIERS

Les débuts de Thiers furent brillants et faciles dans le journalisme et dans les lettres; ils furent lents et pénibles dans les Chambres. A peine le vit-on député et en passe d'être ministre, que les journalistes, au lieu de se réjouir de l'éclat qu'il jetait sur la profession, se mirent à injurier, à railler cet homme de rien, ce confrère qui s'avisait de devenir un personnage dans l'État.

On ne pouvait nier ni le succès de son

Histoire de la Révolution, ni la grande situation qu'il s'était faite dans la presse par la fondation du *National,* ni la part considérable qu'il avait prise, au péril de sa vie, dans la Révolution de Juillet. Eh bien ! disait-on, qu'il reste journaliste, puisque c'est sa profession et sa vocation ; qu'il écrive des livres ; mais qu'il ne se prenne pas pour un législateur et un orateur.

Le fait est qu'il ne savait pas parler dans les commencements. Il avait tout contre lui. Il était si petit qu'il disparaissait presque derrière le pupitre de la tribune. Il n'avait pas de poumons. Sa voix criarde avait quelque chose de déplaisant. Il avait pris au collège, et dans la lecture des débats oratoires depuis l'établissement du régime parlementaire, je ne sais quelle rhétorique pompeuse qui jurait avec toute sa personne. Pour comble de disgrâce, il avait le malheur d'être irascible comme un méridional. La contradiction le blessait, l'injure l'exaspérait.

On ne lui épargnait ni l'une ni l'autre. Il répondait avec colère, avec rage et ne faisait que jeter de l'huile sur le feu.

Sa présence à la tribune devenait le signal des conversations, et, quelquefois, des quolibets et des coq-à-l'âne. Un jour, on lui cria : « Te tairas-tu, bouche du Rhône? » M. Guizot, qui d'abord n'avait pas été mieux reçu, finit par triompher de ces émeutes parlementaires, à force de hauteur et de dédain ; mais Thiers n'arrivait à rien avec ses emportements, et malgré ses ripostes toujours mordantes et spirituelles. Les caricaturistes lui avaient inventé une figure à la fois ressemblante et grotesque. Les ministres eux-mêmes s'en mêlaient.

Le maréchal Soult l'avait pris en grippe. Un jour, le maréchal demande au Conseil l'ouverture d'un crédit assez peu important. Sa demande est repoussée à la suite d'objections soulevées par M. Thiers. Doublement irrité de subir un échec et d'être battu par son contradicteur habituel, le maréchal prend brusquement son portefeuille, gagne la porte et déclare qu'il ne reviendra pas. Le ministère, qui avait besoin de s'abriter derrière ce vieux soldat, croit nécessaire de capituler, et envoie M. Thiers pour lui en porter la nouvelle. C'était un choix malheureux. M. Thiers trouve le maréchal se promenant dans son jardin avec ses officiers, et lui annonce qu'il lui rapporte l'ordonnance toute signée pour les 100.000 francs ou les 200.000 fr. qu'il lui fallait. « Je n'en ai pas de besoing », dit le maréchal en se redressant, et en lui remettant presque de force l'ordonnance dans la main. Puis comme M. Thiers était déjà assez loin pour ne plus l'entendre : « Petit foutriquet ! » dit-il. Ce mot lui plut et soulagea sa colère. Il le garda précieusement, et n'appela plus M. Thiers en causant avec ses familiers que le « Petit Foutriquet » ! C'est de là qu'il se répandit à la Chambre dans les salons et dans la presse.

Ce n'étaient d'abord que des plaisanteries malséantes. On ne s'arrêta pas en si bon chemin. On en vint à calomnier les mœurs et la probité de M. Thiers. On profita contre lui des fautes de quelques-uns de ses parents, en mêlant un peu de vérité aux plus odieux mensonges. Il ne cessait de rendre des services, et la haine ne cessait de s'acharner contre lui. Il avait tous les courages, le courage militaire, comme il le prouva à plusieurs reprises, le courage du duelliste auquel il se vit forcé d'avoir recours, le courage de braver la haine de ses ennemis et le mécontentement de ses amis. Un moment vint où il eut contre lui la colère des ennemis de la Révolution qui l'accusaient de l'avoir faite, celle des révolutionnaires qui l'accusaient de l'avoir trahie, celle de la presse, à cause des lois de septembre, celle de M. Guizot, dont il attaquait la politique, et celle du roi, qui ne voyait plus que par les yeux de

M. Guizot. Il avait grandi rapidement dans ces orages. Il n'avait pas atteint l'impassibilité de M. Guizot, mais il se sentait, il se possédait, il rendait coup pour coup; il se montrait à la hauteur de toutes les tâches, et défendait presque seul, et même contre les libéraux, la liberté.

On put croire, après la Révolution de Février, qu'il était tombé, avec tout le parti orléaniste, pour ne plus se relever.

Au contraire. Je n'ai pas vu, dans ma longue vie parlementaire, de spectacle plus frappant que le revirement qui se fit en sa faveur, sur presque tous les bancs de la Chambre, aussitôt après son élection à la Constituante. Il était là au milieu de ses ennemis, de ses ennemis légitimistes et de ses ennemis républicains. Il avait un groupe d'anciens amis très ardemment dévoués, mais si peu nombreux et si peu écoutés par la majorité ! Mon ami Guinard, le colonel Guinard, comme on l'appelait, parce qu'il commandait l'artillerie de la garde nationale, s'avisa de dire un jour, aux applaudissements d'une grande partie de l'Assemblée : « J'étais alors dans les prisons de M. Thiers. » M. Thiers se leva aussitôt : « Vous n'étiez pas dans mes prisons, je n'ai jamais eu de prisons ; j'ai toujours été le serviteur zélé et respectueux de la justice. Vous étiez dans les prisons de la loi, justement condamné par vos pairs, pour avoir attaqué la Constitution, porté le trouble dans l'État, allumé la guerre civile... » Toute cette réponse fut longue et terrible. Quand il se rassit l'enthousiasme avait changé de côté, et ceux qui, tout à l'heure, auraient crié : « Vive Guinard! » étaient prêts à porter M. Thiers en triomphe.

Pendant les journées de Juin, dans le désarroi de l'Assemblée, il était entouré et consulté par les hommes de tous les partis. Cavaignac était tout à sa tâche surhumaine. On pouvait à peine l'aborder au milieu de ses généraux et de ses aides de camp. C'est à Thiers que les députés allaient demander ses impressions, ses conseils et même ses ordres. Les plus récalcitrants l'écoutaient comme un oracle pendant ces tristes jours. C'est là que je l'entendis, pour la première fois, exposer sa théorie qu'un gouvernement ne devait pas accepter la bataille avec l'émeute dans les rues de sa capitale, comme on avait eu tort de le faire pour la rue Transnonain, et que, si l'émeute menaçait d'être générale, il fallait évacuer d'abord la ville, et aussitôt après en faire le siège. On décida de suivre cette conduite, et les membres de l'Assemblée devaient, le soir même, se rendre individuellement à Bourges, si Cavaignac n'avait rendu cette mesure inutile en forçant les dernières barricades de la rue Saint-Antoine.

La position de M. Thiers grandit encore sous l'empire. Au 2 Décembre, les vainqueurs commirent la faute de l'exiler. Le monde eut aussitôt les yeux sur lui. Il fallut céder à l'opinion générale de la France et de l'Europe en le rappelant. Il se rendit, le lendemain de son retour, au jardin des Tuileries, qui était alors le rendez-vous de ce que l'on appelle le Tout-Paris. Dès qu'il parut au bout de l'allée qui longe la rue de Rivoli, la foule élégante qui remplissait le jardin se porta à sa rencontre et lui fit cortège dans sa promenade. Il n'y eut pas de cris ; on se contentait de saluer avec respect. Ce fut une ovation véritable, très spontanée, très touchante. Il fit un ou deux tours et se retira. Il se remit, comme par le passé, à recevoir tous les jours dans les salons de la place Saint-Georges. L'Europe politique y afflua. C'était l'époque où les Cinq (qui n'étaient que trois : Jules Favre, Ollivier et Picard) soutenaient seuls à la Chambre la lutte contre l'Empire.

Aux élections générales, Paris élut M. Thiers. Il dit aussitôt : « La vie parlementaire ne sera qu'un dialogue entre l'Empereur et moi. » Le monde entier le disait comme lui.

Ce n'était juste qu'à moitié. Jules Favre, Ollivier, Picard et quelques nouveaux venus combattirent à côté de lui avec éclat. Mais, quand commença la crise finale, la voix de Thiers domina toutes les autres. Il ne fut pas le seul, comme on l'a dit, à protester contre la guerre ; toute l'opposition protesta avec lui ; mais il dit la vérité, toute la vérité, avec plus d'énergie que personne. Sa dernière protestation eut lieu quand la guerre était déjà résolue. Il y mit toute son âme : « Injuriez-moi, accablez-moi, disait-il, je défends contre vous l'avenir et la vie de mon pays. »

L'Empire aux abois voulut le mettre dans le Conseil de défense. « Je n'accepterai, dit-il, que si le Corps législatif m'en donne l'ordre. » On le lui donna, par une décision unanime, huit jours après la séance où on l'avait accusé de trahison et de lâcheté.

L'Empire fut renversé, non par l'opposition, mais par le peuple, qui descendit tout entier dans la rue, et qui inonda la Chambre, les quais, les boulevards et l'Hôtel de Ville. L'opposition prit le pouvoir pour ne pas le laisser prendre par la Commune. A peine installée, elle envoya deux de ses membres, Jules Favre et moi, à la Chambre des députés pour la dissoudre. Nous trouvâmes ce qui restait de députés, rassemblés dans une salle de la présidence. M. Thiers dirigea la conversation, qui fut polie et ferme d'un côté, triste et résignée de l'autre. M. Thiers aurait voulu l'institution d'une régence confiée à des membres du Parlement. Elle n'était pas plus possible en 1870 qu'elle ne l'avait été vingt-deux ans auparavant. Je crois qu'il le savait ; mais il ne voulait ni ne pouvait, en ce temps-là, gouverner une République. La tâche, si elle était possible, ne l'était que pour des républicains.

* *
*

Le gouvernement de la Défense voulut chercher au dehors, à défaut d'alliés qu'il n'espérait plus, des défenseurs qui, en sauvant la France, auraient du même coup sauvé l'Europe. M. Thiers consentit à voir tous les souverains l'un après l'autre, pour les solliciter en notre faveur, ou plutôt pour les éclairer sur leurs intérêts propres. Personne ne pouvait réussir dans cette tâche, puisqu'il n'y réussit pas ; mais il y dépensa toute son énergie. La guerre terminée, la France l'en récompensa en l'élisant, à la fois, dans vingt-six départements. Il était officiellement dictateur, après l'avoir été si souvent en fait. On peut soutenir qu'il n'a jamais été dictateur. Il était chef du gouvernement, régulièrement investi du pouvoir exécutif et l'exerçant régulièrement et correctement sous la surveillance très attentive et très tracassière de l'Assemblée.

Ce qui fait de lui un dictateur, c'est que l'Assemblée qui, en principe, lui était hostile, lui obéissait, en fait, avec une sorte de servilité. C'est le seul homme d'État qui ait gouverné par ses ennemis. Il a fondé la République contre les monarchistes avec le fidèle et persévérant concours des monarchistes.

Il attribuait ce résultat, qui a quelque chose de miraculeux, à son éloquence.

Je l'attribuerais plutôt à sa situation. Il était l'homme nécessaire et il le savait. Avec cela il gouvernait l'Assemblée jusqu'à lui faire annuler un vote, séance tenante.

Quand la crise était aiguë il donnait sa démission et il attendait tranquillement à l'Hôtel de la Présidence qu'on vînt la lui rapporter. Cela ne manquait pas. On voyait les farouches de tout à l'heure traverser en procession la place d'Armes pour aller reprendre le collier.

Il leur disait carrément : « Vous n'avez personne », comme il avait dit aux généraux : « Aucun de vous n'est désigné par la victoire. »

Ils l'abhorraient, mais ils lui obéissaient parce qu'ils n'avaient pas d'autre ressource entre la Commune d'un côté et les Prussiens de l'autre.

Son éloquence d'homme d'État venait donc de sa situation. Il a fait une fois un grand discours depuis sa chute. C'était bien le même génie oratoire, mais ce ne fut pas, à beaucoup près, la même influence. Sa lutte contre l'Assemblee n'était pas celle d'un orateur qui inculque son idée ou fait partager sa passion. C'était celle d'un dompteur. Jamais il ne flatta son auditoire, il le brava ; à force de le braver, il le dompta.

Homme nécessaire, et maître d'une majorité qu'il pliait à sa toute-puissance, il a pu remplir son œuvre.

Pour comprendre ce qu'il a fait pendant trois années de règne, il faut savoir ce qu'était la France quand il l'a prise. Vous dites tous que vous le savez ; mais il n'en est rien. Vous savez vaguement que nous étions très bas. Rappelez-vous ! D'abord nous n'avions plus d'armée. Notre belle armée était prisonnière de l'ennemi, qui stipula en nous la rendant qu'elle serait licenciée. Il nous permettait seulement d'entretenir un corps de quarante mille hommes pour nous servir de gendarmerie. C'est M. Thiers, aidé de la Commune, qui refit l'armée.

Je dis sérieusement : aidé de la Commune. Sans la Commune, les Prussiens auraient tenu à leurs quarante mille hommes. Cette petite armée, dispersée dans des garnisons, aurait été livrée à l'action dissolvante des partis. Plus d'un, parmi ses chefs, était ouvertement royaliste. La nécessité de combattre la Commune lui donna la cohésion et entretint dans ses rangs l'esprit militaire.

Nous n'avions plus de finances. Non seulement les dix milliards (cinq milliards pour la rançon, cinq milliards pour les frais de la guerre) avaient épuisé nos ressources, mais l'agriculture morte, le travail arrêté, le commerce anéanti supprimaient les contribuables et les matières imposables.

Nous n'avions plus d'instruction publique, puisque tous les professeurs étaient transformés en soldats et la plupart des écoles en hôpitaux ou magasins. La moitié de la France était occupée par l'armée ennemie vivant chez nous, à nos frais.

A peine l'Assemblée eut-elle jeté ce fardeau sur les épaules de M. Thiers, qu'elle se divisa en deux grands partis : l'un résolu à rétablir une monarchie et l'autre à faire de la république une vérité, disait-il, c'est-à-dire une jacobinière. Rendons-leur justice. Les membres de l'Assemblée accordèrent tous les impôts qu'on voulut. Ils étaient patriotes. Les sacrifices ne leur coûtèrent pas quand ils en virent la nécessité. Ils ne cessèrent de travailler, avec le gouvernement, à la libération du territoire. En dehors de ce grand intérêt, qu'il leur arrivait de comprendre très mal, mais qu'ils n'abandonnaient pas dès qu'ils le voyaient, ils songèrent chacun à leur utopie et le premier pas, pour réaliser leur chimère, étant de renverser le gouvernement établi, ils commencèrent contre M. Thiers une guerre de tous les instants. Jamais gouvernement ne fut attaqué avec plus de violence et de plus de côtés à la fois.

La Commune, qui canonnait nos soldats, autour de Paris, faisait de la propagande dans les grandes villes ; elle avait des affiliés dans la Chambre ; le clergé faisait en faveur du pouvoir temporel du Pape une agitation qui aurait abouti à une guerre avec l'Italie, et, par suite, à une conflagration générale ; la droite préparait une restauration monarchique et, passant par-dessus les orléanistes, allait jusqu'à 1815 et 1780. Enfin, les bonapartistes étaient loin de se croire oubliés. Et, de fait, ils ne l'étaient pas. Leur parti, peu considérable à l'assemblée, était encore très puissant au dehors. Ce qui restait debout des anciennes administrations était dans leurs mains.

M. Thiers voyait clairement la situation. Il le disait à l'Assemblée : « Quand j'aurai délivré le territoire, créé de toutes pièces une armée, payé la rançon, rétabli les impôts et la perception des impôts, vaincu l'insurrection, rendu à la justice son action et sa force, alors, mais seulement alors, la tâche de gouverner étant désormais au niveau de votre capacité et de votre courage, vous me mettrez par terre. » Ils le firent comme Thiers l'avait dit, et à l'heure précise qu'il avait prévue. Dès que la France fut sauvée, ils mirent le sauveur par terre. Ce jour, le plus cruel de sa vie, en sera, aux yeux de l'histoire, le plus beau.

Voilà l'homme que les nigauds, abondants en politique, prennent pour un finassier, un faiseur d'ajournements et de demi-mesures.

Thiers avait surtout des idées bien arrê-tées, était tenace, incapable de sacrifier son programme à sa position.

Ceux qui ont cru qu'il avait changé parce que de ministre du roi il était devenu Pré-sident de la République n'ont rien compris à sa situation.

Il était républicain sous Louis-Philippe et monarchiste sous l'Assemblée nationale. Au fond il était Thiers.

Il a eu le bonheur d'avoir affaire à des ennemis puissants : à Guizot et aux répu-blicains, à la Commune et à la droite sou-veraine sous la République.

On n'est fort qu'à condition d'avoir de-vant soi une force.

Un ministre fort crée une majorité; il crée aussi une opposition. Il a besoin de l'une et de l'autre.

Par l'une il sait comment gouverner; par l'autre comment tomber.

Renversé par une poignée de députés,
Thiers fut acclamé par la France, l'Europe
et le monde.

* *

Nous sommes le 24 mai 1873, bien loin
de ce retour triomphal à Paris en 1852, où
il fut salué aux Tuileries par un millier de
personnes. Cette fois, ce n'est pas un millier de Parisiens, c'est le monde entier qui
lui témoigne son admiration et sa reconnaissance. Les députations vinrent de tous
les points de l'Europe, de l'Australie, de
l'Amérique ; partout où il y avait un gouvernement et une civilisation, on sentit le
besoin de rendre hommage au libérateur
du territoire.

On peut dire que la procession durait
encore quand il mourut. Il n'en a pas vu
le lendemain. Il n'a pas vu que, parmi les
statues votées, trois ou quatre seulement
ont été érigées en pompe. Les autres
attendent des jours meilleurs dans un

coin sombre des ateliers. On n'ose plus donner son nom à une rue ; il a fait condamner ces pauvres communards ; il leur a refusé l'amnistie. Il les avait fusillés, mitraillés dans les rues de Paris. Il n'a pas rétabli l'Empire quand, à la rigueur, il le pouvait. Il n'est pas allé à Frohsdorff s'agenouiller devant le comte de Chambord. Il n'a pas employé le pouvoir, que l'assemblée lui avait donné, à tirer de l'oubli la Monarchie de Juillet. Il a assisté à la renaissance du pays plutôt qu'il n'y a coopéré. Ses histoires, qui ont fait sa réputation littéraire, sont des narrations diffuses, inexactes, dépourvues de toute philosophie ; à la tribune ce n'était qu'un bavard. Voilà le ton pour aujourd'hui.

C'est la gloire. Elle est faite de malédictions et de cris de triomphe. Cherchez un homme dans l'histoire qui ait rendu un plus grand service à son pays, dans des circonstances aussi difficiles, avec cette connaissance des hommes et des choses,

ce bon sens infaillible, cette hauteur de
vues, ce dévouement absolu et infatigable.
Il n'est pas à la mode pour le quart
d'heure. Le Panthéon ne s'ouvrira pas
pour lui. Avant d'ériger sa statue en
plein Paris, nous attendrons le défilé des
romanciers de bas étage, et des révolutionnaires chevronnés qui ont fait, pendant
leur vie, le métier d'empoisonneurs publics.

GAMBETTA

I

Gambetta a été bien discuté de son vivant. Il le sera plus encore après sa mort. L'histoire, qui lui réservera certainement une page, sera-t-elle juste pour lui? Elle ne l'est pas toujours. Les contemporains ne le sont jamais. Tout le monde sera d'accord pour plaindre la destinée d'un homme qui s'est éteint à quarante-quatre ans, dans toute la force de son talent et de son activité, plein de rêves ambitieux, après avoir gouverné son pays dans les

circonstances les plus critiques, et l'avoir
rempli de son bruit et de ses entreprises
pendant plus de dix années. Je n'ai pas
la prétention de porter sur lui un jugement comp¹et et impartial ; je ne donne
ici que de simples notes. Elles auront,
au moins, le mérite de la franchise. J'ai
connu et aimé Gambetta dans sa jeunesse ; je l'ai combattu dans sa puissance.
Ceux qui l'exaltaient outre mesure m'ins-
piraient, s'il faut dire toute ma pensée, un
certain mépris ; et je me sentais souvent
dégoûté par la guerre sans pudeur et sans
merci qu'on lui faisait de divers côtés. Soit
qu'il s'agisse des hommes ou des choses,
ce qui manque le plus à notre pays, c'est
la mesure, et par conséquent la justice.
Quoique adversaire déclaré de la politique
de Gambetta, il ne m'en coûtera pas d'être
juste, et même bienveillant envers sa
mémoire.

Il sortait d'une famille pauvre, éprouvée
par des revers de diverses sortes. On le lui

a sottement reproché. Il fallait l'en louer au contraire. Il fallait mesurer l'énorme distance qui sépare un homme porté, en quelque sorte, au premier rang par la situation de sa famille et auquel on demande simplement de ne pas déchoir, et celui qui lutte, dès l'enfance, contre la pauvreté, qui arrache l'instruction plutôt qu'il la reçoit, qui doit ses premiers succès à son travail et à son talent, qui, chaque jour, accroit sa renommée, livrant à la fois, par un double et constant effort, la bataille pour la vie et la bataille pour la gloire ; qui, à trente ans, est déjà célèbre, qui à quarante, est tout-puissant ; avocat, député, ministre, chef de parti, mêlé à toutes les intrigues électorales, à toutes les brigues ministérielles, ayant la main dans tous les ministères, se mêlant activement de toutes les grandes affaires et ne dédaignant pas de surveiller et de conduire les plus petites, se prodiguant à la tribune du Parlement et à toutes les

tribunes qu'on lui élevait d'un bout de la
France à l'autre, journaliste avec cela, et
journaliste plein d'originalité et de verve,
trouvant encore du temps pour le plaisir,
pour toutes les sortes de plaisirs, pouvant
se dire, avec un juste orgueil, qu'il avait
rencontré sur sa route tous les obstacles,
et qu'il en avait triomphé par sa propre
force et sans recourir à personne. Les
maladroits ennemis de Gambetta ont constamment insisté sur ce qui prouvait le
mieux sa valeur incontestable. Gambetta
est sorti de rien, et il est arrivé à tout :
c'est le plus grand éloge qu'on puisse faire
de sa capacité et de son activité.

Il n'était guère qu'un enfant quand
nous l'avons connu. Est-ce la magie de la
jeunesse ? Est-ce la fascination qu'exercent
toujours les vieux souvenirs? Nous le re-
trouvons, à cette date, bien plus attachant
et bien plus sympathique qu'il ne l'était
au faîte de la renommée et du pouvoir. Il
était alors tout nouveau venu au barreau;

il était loin de s'y être fait une place. Il sortait du cabinet de Crémieux, où il avait eu pour camarade Laurier. Ils étaient l'un et l'autre pleins d'ambition, et, s'il faut tout dire, nous les jugions assez dépourvus de scrupules. Leur langage permettait de croire qu'ils voulaient surtout arriver, et qu'ils ne se montreraient pas difficiles sur les moyens.

Gambetta avait, dans Paris, un ou deux cafés qu'il fréquentait assidûment. Dès qu'il y entrait, on faisait cercle autour de lui. Il avait une verve endiablée. Ses bons mots, ses quolibets se colportaient partout où il y avait des étudiants et des stagiaires. Au Palais, il réussissait mieux à la salle des Pas-Perdus qu'à la barre.

Il avait les habitudes, le langage et le costume d'un bohème. On devinait, quand on le voyait, qu'il n'avait jamais mis les pieds dans un salon.

Ce n'était pourtant pas un bohème dans

l'ancienne acception du mot. Il était un peu débraillé, mais il avait vite compris la nécessité d'être indépendant. Ses relations ne dépassaient guère le barreau et les journalistes ; mais il se faisait accepter, dans ce monde assez dédaigneux, comme un garçon d'avenir.

Vers la trentième année, sans sortir de cette sphère d'action, il était un personnage. Au Palais on parlait déjà de son éloquence ; au café de Madrid il rendait des oracles. Les plus brillants parmi les stagiaires et les journalistes le regardaient comme leur chef.

Avec le temps il se faufila dans la salle des Pas-Perdus du Palais-Bourbon dont il devint l'hôte assidu. Il ne tarda pas à se lier avec les députés importants, surtout avec les députés de l'opposition.

Il y connaissait tout le monde, depuis Jules Favre jusqu'à Bescherelle (le chef des garçons). On peut dire qu'il y régnait. Dès qu'il y faisait son entrée, toute la salle retentissait de sa grande voix et de ses éclats de rire.

Il y donnait la comédie avec une verve intarissable et une liberté de langage qui alla, plus d'une fois, jusqu'à effrayer ses amis. Il avait au plus haut degré le talent de l'imitation ; mais il ne se bornait pas à reproduire l'accent et les gestes ; il mettait dans la bouche de ses personnages leurs idées et leur style, et vous devinez que ce n'était pas par les beaux endroits qu'il essayait de les imiter. Il apportait là tous les récits grivois des brasseries, toutes les anecdotes du palais, et des histoires salées et réjouissantes sur les couloirs du corps législatif et les antichambres des ministres.

Les bons juges sentaient sous ces bouffonneries autre chose que de l'esprit. Ils voyaient beaucoup de bon sens et de solidité, une grande variété de ressources, de l'esprit politique et une ambition démesurée. De temps en temps, il était sérieux, et même éloquent. Il fournissait des traits ou des tirades à tous les journalistes ; il donnait des conseils aux députés de l'opposition. On se demandait comment il savait tant de choses, avec cette existence décousue, et comment il s'y prenait pour étudier, vivant toujours en public. La vérité est qu'il improvisait, et qu'il remplaçait la science par l'imagination et par l'audace. Les députés allaient l'entendre par partie de plaisir, en se disant qu'il serait un des premiers parmi eux, dès que les électeurs lui auraient permis de franchir la porte qui sépare la salle des Pas-Perdus de la salle des séances. Il voulait être député de Paris, et nous en étions venus à penser qu'il devait l'être, que l'opposition ne pouvait se passer de lui. Il cherchait l'occasion d'un coup d'éclat.

Le procès Baudin le porta, en un jour, en pleine lumière. Il fit une très belle plaidoirie, encore plus hardie que belle. Ceux qui le connaissaient, et qui connais-

saient les hommes, comprenaient déjà
qu'il était dévoré d'ambition et que, dans
le café de Madrid, à Procope, au Corps
législatif, au Palais, tous ces grands efforts
d'imagination, tous ces éclats de rire
n'avaient pour but que de lui attirer des
amis et de lui faire un nom.

Toute cette partie de sa vie est une merveille d'activité, de fécondité, d'habileté
consommée sous des apparences de légè-
reté et de témérité insouciante.

On peut assurer que, même à la barre,
quel que fût le nom de son client, il songeait surtout à Gambetta. C'est dans son
plaidoyer de l'affaire Baudin qu'il lança
ce mot, qui fut célèbre dans la soirée, et
dont il tira Dieu sait! quel parti : « Nous
sommes les irréconciliables! » En France,
où un mot suffit pour faire un homme, et
un mot pour le détruire, ce mot-là fit sa
fortune. Il fut dès lors désigné pour être
député de Paris. Il y comptait bien. Les
députés de la Seine voulaient le porter

contre Émile Ollivier, qui les abandonnait et qu'ils abandonnaient. Il aima mieux se porter à Belleville, contre Carnot. Ce n'était pas de la probité politique, mais c'était de l'habileté. Carnot, malgré son mérite réel, la solidité de son esprit et la rectitude de sa conduite, était plus facile à battre qu'Émile Ollivier, habile et puissant orateur. Gambetta brilla tout seul dans les réunions de Belleville. Il y fit la conquête de Braleret, qui était une puissance dans le quartier. Non seulement il devint le député des Bellevillois; mais il fut tout aussitôt leur idole, et leur maître.

II

Ses débuts au Corps législatif ne démentirent pas les espérances qu'on avait conçues. Son premier discours fut un coup de maître. Il n'a jamais mieux parlé, ni peut-être aussi bien. Comme il jouait ce jour-là une forte partie, il s'était préparé, et il gouvernait avec un soin sévère sa pensée et sa parole. Plus tard dans l'ivresse du succès, il s'abandonna à sa verve exubérante, qui lui attirait des applaudissements plus enthousiastes, quelquefois en dépit du bon sens, et souvent au détriment du bon goût ; mais son discours de début donna lieu aux meilleurs juges d'augurer

qu'avec beaucoup de travail il deviendrait
un orateur de premier ordre ; et je per-
sévère à penser, comme eux, qu'il n'a pas
donné en ce genre tout ce qu'il pouvait
donner, qu'il s'est trop abandonné à des
succès faciles, et qu'il n'a plus songé qu'à
éblouir la foule, au lieu de charmer les
esprits d'élite. Il y avait peut-être en lui
les facultés d'un homme d'État ; mais il
n'a été qu'un tribun.

La guerre fut déclarée très peu de temps
après son entrée au Corps législatif. Il crut
au succès de nos armes ; car il était chauvin
jusqu'au fond des moelles, et ce chauvinisme a plus d'une fois altéré son jugement. Les députés de l'opposition ont dit
quelquefois qu'à ce moment-là Gambetta
fréquenta les jeunes ministres et déserta
les réunions de la gauche. Il ne revint dans
les conciliabules de ses collègues qu'après
nos premiers désastres. Il les traversa seulement, et entra en relation avec les partis
avancés qui devaient chasser le Corps légis-

latif et renverser l'Empire le 4 septembre. Ces détails, souvent répétés, sont-ils vrais? Cet abandon, incontestable, des réunions de la gauche tient-il à des intrigues ambitieuses? Faut-il l'expliquer tout simplement par l'état maladif où il se trouvait? Je ne chercherai pas à l'expliquer. Peut-être, après tout, pensait-il que l'opposition était capable de renverser, et n'était pas en état de gouverner. Il y avait, dans ce petit groupe, beaucoup d'hommes courageux, beaucoup d'orateurs, bien peu d'hommes d'État. Le jour de la débâcle, il se trouva que Gambetta était connu de tous les envahisseurs, qu'il était parmi eux pour le moins aussi populaire que Jules Favre. Il joua à la tribune le principal rôle. Ceux qui avaient dirigé le mouvement ne parvinrent pas à prendre le pouvoir. Ils faisaient peur. Une sorte de convention unanime appela au gouvernement les députés de Paris, parmi lesquels Gambetta était le plus jeune et le dernier venu. Il se trouva

membre du gouvernement qui fut proclamé ;
il aurait peut-être été membre du gouvernement qui ne parvint pas à l'être. Dans
la séance du soir, il réclama le ministère
de l'Intérieur, que Jules Favre voulait
donner à Ernest Picard. Il fallut aller au
scrutin. Gambetta l'emporta d'une seule
voix. Il se trouva ainsi, à trente-deux ans,
membre du gouvernement et ministre de
l'Intérieur, après une année, tout au plus,
de vie publique. Quinze jours après, il
partait en ballon pour aller prendre le gouvernement de la province, abandonné
jusque-là aux mains de Fourichon, de Crémieux et de Glais-Bizoin. Il n'était plus
seulement membre du gouvernement ; il
était dictateur.

Il se proposa un double but : arracher la
France à l'ennemi et consolider la République.

On lui a fait un grand crime, dans le
monde réactionnaire, d'avoir pensé à la République, quand il n'aurait dû penser qu'à

la France. Il est certain que Gambetta était
et a toujours été républicain, et que, comme
tous les républicains, il tenait à arracher
la France, non seulement à la monarchie
qui venait de tomber, mais aux deux mo-
narchies qui se présentaient pour recueillir
ce triste et terrible héritage. En mettant de
côté toute préoccupation politique, on peut
se demander si ce n'était pas rendre un
service de premier ordre à la défense nationale, que d'écarter, dans un pareil moment, tout ce qui pouvait faire naître des
divisions, et de réunir tous les esprits dans
une seule et commune pensée. Gambetta
alla certainement trop loin quand il voulut
restreindre les droits du suffrage universel.
C'était mettre, en quelque sorte, la République au-dessus de la volonté nationale.
Je laisse, pour le moment, ces grandes
questions, pour ne parler que de son rôle
comme général.

Car il s'improvisa général, ce qui est un
acte de témérité dont il n'y a pas d'autre

exemple dans l'histoire moderne. Il fit plus :
il se doubla d'un autre général qui n'était
pas plus général et pas plus soldat que lui.
Après avoir crié pendant trois mois contre
l'autorité scandaleuse que Napoléon III s'attribuait sur les généraux, il n'hésita pas à
suivre son exemple. Il ne monta pas à
cheval et ne s'affubla pas d'un costume
militaire ; mais il entreprit, avec M. de
Freycinet, d'organiser la victoire. Il distri-
bua les commandements, prenant quelquefois des généraux de fantaisie, au point de
confier une division à un simple capitaine.
Il dressa des plans de campagne. Il en-
voyait même des ordres, par pigeons, au
général Trochu, l'avertissant que, s'il faisait, surtout de tel côté, à tel jour, une
sortie, il trouverait, à tel endroit, une armée
auxiliaire, en ajoutant que, si la sortie
n'avait pas lieu, il traiterait le général Trochu et le gouvernement de Paris comme il
venait de traiter des généraux qui avaient
méconnu ses ordres. Il n'avait pas le génie

militaire de Bonaparte, mais il avait son caractère impérieux et entreprenant.

Quelque jugement qu'on porte sur ses choix, sur ses plans, sur ses armements, sur les interdants qu'il improvisa, sur les marchés qu'il conclu, ce qu'on ne peut nier, c'est qu'il déploya, pendant deux mois, une activité dont peu d'hommes sont capables. Il courait d'un bout de la France à l'autre ; il assemblait des volontaires, il les armait tant bien que mal. Il trouvait de l'argent et du crédit ; il faisait fabriquer des armes ; il nommait, dans toute la France, à tous les emplois ; et tous les emplois, au moins les emplois politiques, s'étaient trouvés vacants en un seul jour ; il menait deux ministères ; il dirigeait le gouvernement, ou plutôt il était le gouvernement à lui seul.

Il exerça la toute-puissance avec un dévouement admirable et un éclat incomparable ; on peut certes critiquer beaucoup de ses actes ; il ne faut pas juger un gouvernement par les détails. Je ne dis que la vérité

en affirmant que Gambetta et Freycinet se
sont couverts de gloire par la façon dont
ils ont soutenu la guerre, avec des ressources improvisées, contre une armée
dont la supériorité en nombre, en expérience et en approvisionnements de toutes
sortes était écrasante.

Beaucoup de personnes, et je suis du
nombre, estiment que Gambetta se trompait
en voulant prolonger la guerre quand elle
n'était plus possible, et que cette erreur
pouvait entraîner la ruine totale de la
France. Mais on doit convenir tout de
même que, dans la lutte qu'il soutint contre
ses collègues pour empêcher la capitula-
tion, il avait le rôle qui donne la gloire. Ils
prêchaient la résignation et lui la mort. Sa
faute même, si c'en était une, et je répète
que c'en était une, avait quelque chose
d'héroïque qui le sacrait grand homme.

Vaincre ou mourir est une devise qu'on
ne suit pas toujours, mais qu'on admire
toujours. Encore faut-il que l'alternative

existe et je soutiens qu'elle n'existait pas en 1871.

Néanmoins, si Chanzy ou Jauréguiberry avaient rencontré, ce qui était dû à leur talent ou à leur valeur, une victoire, Gambetta devenait, sans opposition, le plus grand des héros et le sauveur de la Patrie.

III

Il n'est pas temps de parler du rôle qu'il joua dans l'Assemblée nationale de Versailles. Il s'y montra chef de parti très remuant et très ambitieux, orateur assez inégal, homme politique sans idées très arrêtées ; et la preuve, c'est qu'il abandonna plus tard un grand nombre de théories qu'il avait alors soutenues avec énergie et même avec éclat. On se rappelle qu'il disparut complètement pendant la Commune. Sur la fin de l'administration de M. Thiers, il prit parti pour M. Barodet contre M. de Rémusat, ce qui amena la présidence du Maréchal de Mac-Mahon. Il multiplia ses efforts dans l'Assemblée, d'abord pour l'empêcher de faire une constitution, et ensuite, quand la constitution fut discutée, pour confier le pouvoir législatif à une Assemblée unique. Quand il fut député, après la mise en activité de la Constitution, il s'efforça d'effacer complètement le Sénat en lui ôtant toute autorité sur le budget. .Battu sur ce point, il mit en avant l'idée .d'une revision constitutionnelle, non plus cette fois pour supprimer le Sénat, mais pour l'effrayer, et le contraindre à seconder ses vues.

Il voulut être Président de la commission du budget. Il fut aussitôt maître absolu des finances et par les finances de tout le reste. Sous prétexte que tout aboutit à des questions de finances, il donnait ses ordres à tous les ministres et à toutes les commissions de la Chambre. Il en vint à annoncer tout haut les résolutions qu'il imposerait aux ministres. Les ministres disaient : demandez à Gambetta. Le Maréchal de Mac-

Mahon s'étant retiré, Gambetta pensa
d'abord à le faire remplacer par M. Dufaure.
C'était une histoire renouvelée de Sixte-
Quint, qui fut nommé pape, parce qu'on le
jugeait valétudinaire. Le grand mérite de
M. Dufaure aux yeux de Gambetta était
d'avoir quatre-vingts ans. Les votes de la
Chambre se portèrent si unanimement sur
M. Grévy, qu'il n'osa pas y produire son
candidat. Ses affiliés furent moins pru-
dents au Sénat. Ils proposèrent la candidature de M. Dufaure dans une réunion des
gauches. Mais là, comme dans l'autre
Chambre, l'élection de M. Grévy était dé-
cidée.

M. Grévy ayant laissé vacante la présidence de la Chambre, il pensa, non sans
raison, qu'il lui fallait un palais et des
gardes pour compléter sa situation et il prit
la présidence.

Nous disons qu'il la prit : il n'eut qu'à
parler. Il était, à ce moment-là, aussi dictateur qu'il l'avait été à Bordeaux. Outre son

talent d'orateur, qui était considérable, et
son talent pour l'intrigue, qui était immense, il avait enlacé la Chambre par deux
moyens, en se rendant maître des élections,
et en commençant la campagne sur le cléricalisme. Maître des élections, il tenait les
députés par leur intérêt le plus cher;
ennemi déclaré du cléricalisme, il les tenait
par leur passion la plus vive.

A Belleville, il régnait. Il n'avait à se défendre que contre les ovations. La foule a
le double défaut de trop maudire ou de trop
acclamer. A cette date-là, elle acclamait
Gambetta jusqu'à l'ivresse, et jusqu'au
ridicule. Ce n'était pas seulement Belleville.
De tous les côtés de la France, on l'appelait. Il voyageait en prince, et en prince qui
est l'idole de ses sujets. Il voulut aller à
Cahors, où il est né, comme autrefois Bonaparte était retourné à Ham, où il était
prisonnier.

Une fois, le Président de la République,
voulant couper court à ces odyssées triom-

phales, voulut être de la partie. Il se rendit à Cherbourg avec les présidents des deux Chambres. Mais ce calcul fut déjoué. La foule n'eut d'yeux que pour Gambetta. Il régnait. La Présidence de la République ne pouvait manquer de lui appartenir. Déjà il commençait à traiter avec les souverains. Ceux-ci l'accueillaient, un peu par curiosité, un peu par crédulité. Cet homme avait persuadé aux Bellevillois qu'il était la République, aux députés qu'il était le grand électeur, et aux étrangers qu'il était la France.

IV

Quomodo cecidit potens ? Comment
tomba cet homme puissant ?

Il y eut quelque chose du malheur d'Aris-
tide, qu'on s'ennuyait d'entendre appeler
le Juste. On s'ennuya de l'entendre appeler
le dictateur, et de le voir agir en maître à
ciel découvert. Ce n'était rien, s'il avait
religieusement suivi sa fameuse doctrine
de l'opportunisme, qui consiste à obéir à ses
électeurs, ou à ses députés, en ayant l'air
de leur commander. Mais, se voyant établi
dans la maison, et se croyant sûr d'y rester,
il commença à avoir des arrière-pensées
de propriétaire. Il trouva qu'on avait donné

trop de facilités aux gens du dehors pour harceler et fatiguer ceux qui étaient dans la citadelle. En un mot, il devint tant soit peu conservateur, et il le laissa voir. Ses ennemis domestiques ne manquèrent pas d'en faire part au monde en général, et aux Bellevillois en particulier. Quand on s'arrête dans la voie où il était lancé, on n'est pas seulement un retardataire, on est un traître. C'est ce qu'on lui signifia à Belleville. Quand il se présenta devant ses propres électeurs, lui, l'électeur de toute la France, il fut outrageusement sifflé. Il eut le courage de ne pas demander grâce, et de garder une fière attitude ; il eut la maladresse de s'emporter. Au fond, cette heure de sa vie est une de celles qui l'honorent, non pas comme homme de goût, mais comme homme de caractère. Il fut à demi battu. C'était le commencement de la descente. Un faible commencement. S'il avait été battu dans les deux circonscriptions parisiennes qu'il s'était réservées ou adjugées, il aurait trouvé de tous côtés des électeurs empressés à le venger de l'ingratitude parisienne. Nous aurions pu avoir, incarnation des plus merveilleuses, un Gambetta rural. Mais il entra en même temps que M. Tony-Révillon, qui ne fit pas, ce semble, grande figure à côté de lui. Cet incident électoral causa quelque émoi à Gambetta. Il pensa à se porter encore un peu plus vers les modérés ; mais ce passé, cette dictature de 1871, et cette autre dictature de 1879 lui rendaient cet opportunisme impraticable. D'ailleurs, on n'est jamais reçu par les modérés quand on a écrit sur son drapeau : le cléricalisme, voilà l'ennemi! Il songea à deux mesures radicales : le scrutin de liste, qui remettrait les députés dans sa dépendance, l'amnistie plénière, qui lui donnerait de nouveaux bataillons. Le scrutin de liste échoua, les amnistiés se tournèrent contre lui. Décidément son aigle ne volait plus de clocher en clocher.

Mais ni les rancunes assez peu justifiées,
et d'ailleurs honorables pour lui, de la
Commune, ni le rejet du scrutin de liste,
ni la colère de Belleville, ni Tony-Révillon,
ni Rochefort, dont la dent est mortelle, ni
Clemenceau, dont la logique est redoutable, n'auraient renversé le colosse. Ce
qui l'a littéralement mis par terre, c'est le
ministère qu'on l'a forcé de prendre. Il
voyait le piége depuis longtemps, et même
il le disait : « Si jamais je deviens ministre,
je suis perdu ! » On le disait aussi dans ses
alentours. Il y eut une curieuse comédie,
qui dura bien toute une année ; les ennemis de Gambetta lui disaient en chœur :
« Prenez le pouvoir », et disaient, sur tous
les tons, à M. Grévy : « Appelez M. Gambetta ». Gambetta, pendant ce temps-là,
riait de son large rire, et assurait qu'il
n'avait pas d'ambition. « Qu'on me laisse
seulement la présidence de la Chambre des
députés, avec la haute main sur tous les
ministères et la direction des ministères,

je n'en demande pas davantage ». Le pauvre homme! Le moment vint où il fallut s'exécuter. Il devint premier minis- tre. La Chambre qui obéissait au tribun hésita devant le ministre.

Ses ennemis dirent tous : « Dans un an, il sera usé. » Il le fut en cinq semaines. On peut dire qu'il se détruisit de ses pro- pres mains. Son ministère fut un suicide.

Maintenant, arrêtons-nous un moment pour nous demander ce que serait, pour une grande partie de la France, et pour l'histoire, Gambetta, s'il était mort avant d'être ministre.

S'il était mort avan' d'être ministre, vous n'auriez ôté de l'esprit de personne, pas même de l'esprit de ses ennemis, qu'il y avait en lui l'étoffe d'un grand homme d'État. Il aurait rétabli les finances, conso- lidé la République, trouvé des alliances, refait l'armée, repris les provinces per- dues; et par-dessus le marché, il nous aurait débarrassés, mieux que M. Ferry, des Jésuites et de leur séquelle. Voilà ce qu'on aurait pensé de lui jusqu'à la consommation des siècles. Et quel malheur qu'il ait été moissonné au seuil de ses grandes destinées ! Quel malheur pour lui, et, surtout, quel malheur pour la France ! Mais il a régné, et au lieu de la légende, c'est l'histoire que nous avons.

Cette aventure me rappelle un mot piquant d'un critique musical autrefois célèbre, et très justement célèbre, aujourd'hui un peu oublié, M. Scudo. Il était en querelle réglée avec Berlioz, qui avait cent fois plus de talent que lui, mais qui n'avait alors aucune popularité, et qui ne parvenait pas même à faire jouer ses « *Troyens* ». « Prenez garde, écrivit Scudo, si vous continuez à me chiffonner les oreilles, j'userai de tout mon crédit pour faire jouer les *Troyens* à l'Opéra ».

Si Scudo avait exécuté sa menace, c'est lui, et non pas Berlioz, qui en aurait pâti. Lorsque Gambetta est tombé avec son grand ministère, nous avons pensé qu'on ne lui avait pas donné le temps de jouer *les Troyens*, qu'il était absurde de le juger avant même d'entendre l'ouverture, et qu'il finirait, tôt ou tard, par prendre sa revanche. Il est évident que Gambetta le pensait comme nous, et il était tout naturel qu'il le pensât ; mais nous nous trompions, nous et lui, et par une aberration singulière chez un esprit si distingué, il prit soin d'en faire lui-même la démonstration. A peine était-il tombé, qu'il fit déposer par ses ministres les projets qui devaient immortaliser son administration si elle avait vécu. Cette démarche imprudente couronna sa ruine. Il fut démontré que, non seulement il n'avait rien fait, mais qu'il n'aurait rien pu faire. Et il fut démontré, en même temps, qu'on peut être un fort grand orateur, un très grand chef de parti, et un très petit homme d'État.

Il n'a pas eu de successeur et ne pouvait pas en avoir. Le Gambettisme finit avec Gambetta. Il sera enterré avec son bouclier, comme étant le dernier de sa race. Il a fait sa fortune avec trois mots : « Nous sommes irréconciliables »; ce fut le commencement. « Nous aurons la revanche, » ce fut le milieu. « Le cléricalisme, voilà l'ennemi ! » ce fut le couronnement. Irréconciliables, cela n'a plus de sens sous la République. La revanche, ceux qui y pensent le plus sont ceux qui en parlent le moins. La guerre au cléricalisme, c'est bien usé et bien bête. C'est la plus grande faute de cet homme d'esprit.

Avec cette faute, et bien d'autres, il était d'une taille où les aspirants à sa succession n'atteindront jamais. C'était un orateur, un esprit fécond en ressources, un journaliste très habile, et un ambitieux sans cesse en mouvement. En un mot, c'était un homme.

JULES GRÉVY

Je tiens à rendre hommage à cette mémoire, et ma grande raison, c'est qu'après son départ de la Présidence sa popularité s'était complètement évanouie, qu'on ne se souvenait plus de ses services, et que nul, parmi nos hommes d'État, ne songeait à demander ses conseils. Il était mort de son vivant. Retiré dans le bel hôtel qu'il s'était fait construire au Trocadéro, il y recevait de loin en loin quelques amis intimes, plutôt des amis personnels que des amis politiques, et la conversation roulait plutôt sur des idées générales que sur les événements du jour. Il ne semblait pas s'apercevoir de cette solitude.

C'était un homme calme. Il avait grandi au Palais, où il avait la réputation d'un esprit juste, d'un bon logicien et d'un ennemi de la rhétorique et de la réclame. Il plaidait tranquillement comme il aurait parlé dans son cabinet, avec fermeté, avec clarté, sans éclat et sans émotion, en disant les arguments de la cause et en ne cherchant pas à se faire valoir aux dépens de son client.

Il n'avait pas la majesté un peu emphatique de Berryer, ni la pompeuse rhétorique de Jules Favre, ni les ressources infinies de Crémieux, ni l'impitoyable et mordante ironie de Dufaure. C'était un avocat grave, sensé, instruit, dont l'opinion en matière de droit faisait autorité, qui exposait les faits avec une clarté lumineuse, et dont l'argumentation serrée et puissante portait la conviction dans les esprits. Sa voix était toujours calme, son geste tranquille, sa diction simple. Il n'émouvait pas, il n'irritait pas, il n'étonnait pas; toute son affaire était de prouver, et il y réussissait à merveille. Les juges et les avocats le comptaient et l'estimaient; les clients le recherchaient. Il choisissait ses causes, car il n'aimait pas la fatigue; mais quand il avait consenti à se charger d'une affaire, il l'étudiait à fond, avec un soin consciencieux. C'était ce que je puis appeler un avocat solide. Je l'entendis dans le procès des Treize, dont je n'avais pu faire partie ni comme avocat, ni comme prévenu, malgré la double demande que j'avais adressée au président pour plaider et au procureur pour être poursuivi. Les plus grands avocats se firent entendre et y déployèrent toutes leurs magnificences. Je préférai beaucoup Grévy, qui parla avec calme, sans gestes, sans éclats de voix, mais en donnant de bonnes raisons, bien déduites et, pour moi du moins, absolument irréfutables.

A l'Assemblée constituante, dont nous faisions partie tous les deux, il se rendit célèbre en proposant de supprimer la Présidence de la République. Il obtint, par son discours, un grand succès personnel, mais il ne convainquit personne, et ce grand adversaire de la présidence devint président trente ans plus tard.

Après avoir énergiquement protesté, avec ses amis, contre le coup d'État, il reprit sa position au barreau et ne tarda pas à s'élever au premier rang. Il a exercé la charge de bâtonnier avec une grande autorité. Il n'avait ni morgue, ni abandon, ni dédain, ni sympathies ; il était toujours prêt à donner ses conseils quand ils étaient réclamés, et ses conseils étaient ceux d'un sage.

Sa conduite était de tous points irréprochable ; sa fortune s'arrondissait tous les jours. C'était dans ce temps-là un homme heureux.

Tel il m'avait paru au Palais, tel je le

retrouvai au Corps législatif. Son éloquence faisait un contraste absolu avec les grands mouvements et les belles périodes de Jules Favre et d'Émile Ollivier. Il avait toujours l'air de parler pour convaincre ceux qui l'écoutaient, ce qui était, dans une Chambre française, une originalité très piquante. Il parla très rarement, mais tous ses discours furent remarqués.

C'était un républicain sérieux et convaincu, de la nuance d'Armand Carrel. On ne lui aurait jamais fait admettre la théorie du bloc. Il savait clairement ce qu'il faisait et ce qu'il voulait ; également éloigné de la réaction et de la Montagne, ennemi surtout du socialisme et de toutes les théories dangereuses que l'on prêche sous ce nom. La netteté de ses opinions et le courage avec lequel il les défendait, soit dans la rue comme combattant, soit au barreau, à la Chambre et dans les relations du monde comme membre considérable d'un grand parti, lui avaient conquis l'estime de ses adversaires. Nous le choisîmes pour présider nos réunions de la gauche, quoiqu'il n'eût pas parmi nous l'importance de Jules Favre, Émile Ollivier ou Picard. Nous rendions cet hommage à sa grande situation dans le barreau et au talent de président que nous lui reconnaissions déjà et que nul n'a possédé à un plus haut point que lui.

Il lui arriva un jour de blesser cruellement ses amis. Jules Favre, Picard et moi, nous avions appuyé la pétition des princes de la famille d'Orléans demandant à rentrer en France. Grévy nous répondit en quelques mots, en déclarant qu'il ne voulait être « ni dupe, ni complice. » Complice de quoi? Il ne pouvait nous accuser de travailler à quelque restauration monarchique. J'aurais accepté le mot de dupe; je reconnais humblement que j'ai été dupé plus d'une fois; mais complice était bien dur. Nous finîmes par n'y plus penser, ce qui était le parti le plus sage. Ne croyez-vous pas, comme moi, qu'on se fâche presque toujours pour des mots et qu'il n'y a rien de plus absurde ? Dans cette occasion, par exemple, nous savions, à n'en pas douter, que Grévy avait pour nous la plus parfaite estime et une très réelle amitié.

Son rôle, dans l'opposition du Corps législatif, fut très important, malgré le petit nombre de ses discours. Il présidait nos réunions avec beaucoup de lucidité et de calme. Il votait toujours conformément au bon sens et à l'utilité pratique, et il avait l'art de ramener les récalcitrants à son avis. Nous n'avions pas de querelles entre nous ; quand il s'élevait une chicane, Grévy était là pour la terminer promptement avec autant de douceur que de fermeté.

Il vit avec tristesse la foule et les agitateurs de la foule prendre la direction du mouvement du 4 septembre.

Ce jour-là, après l'envahissement de la Chambre, nous nous promenâmes, lui et moi, seuls au milieu de la foule, dans la

salle Casimir-Périer, pendant près d'une
heure. Nous savions que nos amis étaient
à l'Hôtel de Ville et qu'ils avaient réussi à
remplacer les candidats de Delescluze et
de Blanqui par un gouvernement composé
des députés de Paris. Je me trouvais ainsi
membre du gouvernement. J'en fus averti
par un billet de Jules Favre. Je répondis au
crayon, sur le même morceau de papier,
que je félicitais mes amis de leur courage;
mais que la première victoire était gagnée,
qu'ils n'étaient maintenant que trop nombreux pour former un gouvernement, que
je ne me croyais pas nécessaire et que je
demandais la permission de rester à l'écart.
Beaucoup des personnes qui s'étaient rap-
prochées de nous pour connaître le contenu
de la dépêche et ma réponse me pressèrent
d'accepter. Je ne cédai que sur un second
billet de Jules Favre qui m'avertissait
que Rochefort venait d'arriver porté en
triomphe, et ajoutait que je devenais nécessaire pour former une majorité de mo-

dérés. Je partis alors, après avoir donné une poignée de main à Grévy, qui ne me dit que ce seul mot : « Je vous plains. »

Il ne nous suivit pas ; il prit le parti le plus sûr pour lui-même, et le moins généreux. Dans ces situations troublées, il est habile de se tenir à l'écart. On lui offrit vainement le ministère de la Justice.

Il refusa obstinément comme il refusait dans son cabinet les causes qui l'auraient inutilement fatigué ou compromis.

Nous avions parmi nous deux ministres de la Justice, qui exercèrent ces fonctions l'un après l'autre. Cela ne nous consolait pas du refus de Grévy. Sa présence, parmi nous, nous aurait rallié dans la magistrature et le barreau bien des personnalités hésitantes. Il a eu jusqu'aux dernières années de sa vie le beau privilège d'inspirer de la confiance à ses adversaires.

Nous eûmes le regret de le voir partir.

Cette abstention contribua, autant que son mérite incontestable, à le faire nommer président de l'Assemblée nationale.

Quand nous sortîmes de prison cinq mois après, c'est-à-dire quand nous pûmes quitter Paris après cinq mois de siège, nous le retrouvâmes à Bordeaux. Il entra à l'Assemblée comme député du Jura, et tout aussitôt M. Thiers, qui était déjà investi d'une sorte de dictature, pensa à lui pour la présidence de l'Assemblée. Ce fut le premier mot qu'il me dit quand les résultats des élections furent connus : « Mon président est tout trouvé. C'est M. Grévy. »

L'Assemblée l'élut, le réélut, puis le réélut encore.

Grévy avait alors soixante-quatre ans. On lui aurait donné dix ans de moins. Il était d'une taille au-dessus de la moyenne, avec un air de santé et de force. Jamais, pendant les quarante ans que je l'ai connu, je n'ai entendu dire qu'il fût fatigué ou malade. Je dis qu'on pouvait se tromper sur son âge. Le plus curieux, c'est qu'il se trompait lui-même. J'ai été trois fois témoin, en même temps que lui, dans des mariages. Le bulletin qu'il fournit pour le premier de ces mariages lui attribuait deux ans de plus que moi. Au second, nous étions du même âge. Il se trouvait, au troisième, que c'était lui qui était le plus jeune. Je ne manquai pas de me moquer de cette marche à rebours. Il ne sourcillait pas. « C'est mon âge! » disait-il avec son grand air indifférent. Vapereau, qui s'était trompé d'abord en le faisant naître en 1813, rectifia son erreur dans son dernier supplément en reportant la date de sa naissance à 1807. Il avait donc soixante-quatre ans quand il devint président de l'Assemblée en 1871. On explique cette incertitude par un incendie qui a détruit les registres de l'état-civil de Mont-sous-Vaudrey.

Il était au fauteuil de la présidence comme chez lui. Il était fait pour cette difficile fonction. Personne ne la remplit jamais mieux ni même aussi bien. Ferme,

impartial, attentif à tout, ne blessant personne, et ne passant à personne aucun
écart ; au courant de toutes les questions et
de toutes les discussions ; interprétant avec
autorité le règlement ; mettant de l'ordre
au milieu des amendements les plus mul-
tipliés et les plus disparates ; ramenant les
orateurs qui s'égaraient, éclairant d'un
mot les débats qui s'embrouillaient ; bien
venu de la gauche qui le connaissait pour
un républicain de vieille date, et de la
droite qui rendait justice à sa droiture et
à la justesse de son esprit, il était obéi,
dans l'Assemblée, par tous les partis, et
aimé, hors de l'Assemblée, par tout le
monde. N'était-ce pas encore un homme
heureux?

Il se montra pendant sa présidence vraiment supérieur. Aider le gouvernement
sans se donner à lui, exercer de l'influence sur tous les partis sans cacher ses
opinions républicaines, appliquer le règlement avec fermeté et impartialité, diriger

constamment l'Assemblée vers les conclusions pratiques, en dépit des animosités
passionnées, trouver même le moyen
d'apaiser les orages, à force de sang-froid
et de bon sens, c'était une tâche difficile
entre toutes ; il la remplit constamment,
sans faillir, sans faiblir, sans laisser voir
son inquiétude, quand il en avait ; clairvoyant et impassible quand tout le monde
perdait la tête autour de lui.

Il fut ainsi appelé à la plus magnifique et
à la plus redoutable fonction sans mani-
fester ni émotion ni surprise. Sur cette Assemblée dont il était devenu le président,
et qui était dans toute la force du terme
une Assemblée souveraine, n'ayant pas
même de règlement, reposaient toutes les
espérances du pays. Il y avait à signer le
traité, je me retiens pour ne pas dire à signer le revers, à choisir la forme du gouvernement, à nommer provisoirement un dictateur, à reconstituer toutes les branches
de l'administration, à créer une armée, à

trouver de l'argent dans un pays épuisé, à faire vivre de nos deniers l'armée étrangère qui nous serrait à la gorge, à relever les ruines qui couvraient le sol : ponts renversés, usines saccagées, magasins incendiés, forteresses rasées.

L'Assemblée sur laquelle pesait ce fardeau était profondément divisée. La droite y dominait; mais divisée elle-même en plusieurs factions qui ne pouvaient s'entendre pour le choix d'un chef dans leur propre sein. Les anciens parlementaires qui étaient réélus se trouvaient noyés dans une grande foule de hobereaux et de politiciens de petites villes qui ne se connaissaient pas entre eux et que Grévy ne connaissait pas. Indépendamment des grandes questions qu'il fallait résoudre sur le champ et, en quelque sorte, sous peine de mort, il y avait des incidents de séance tout pareils à des scènes de guerre civile. Rappelez-vous le jour où Garibaldi, assis à son banc de député, fut exclu de la Chambre comme étranger ; le jour où Napoléon III fut déclaré responsable des malheurs de la patrie ; le jour surtout, le jour funèbre, où l'Assemblée ratifia le traité conclu à Versailles par M. Thiers. Cette courte session de Bordeaux est une des époques les plus agitées et les plus lamentables de notre histoire. Nous n'avions pas même le souvenir des traditions parlementaires. J'en donne deux preuves : quoique ministre, je fus nommé président de mon bureau et je fondai un groupe, le premier en date des groupes parlementaires, le groupe de la gauche républicaine, qui me nomma aussi son président. Grévy réussit à mettre de l'ordre dans la vérification des pouvoirs, qui fut très rapidement enlevée, dans le travail des bureaux et dans les séances publiques. Je me rappelle des moments où il avait l'air d'un médecin surveillant une assemblée d'aliénés.

Une surprise nous attendait à Versailles ; ce fut l'insurrection de la Commune. Pour

cette fois, on pouvait croire la France perdue. On voyait les esprits les plus fermes
hésiter. Les municipalités des grandes
villes envoyaient des députations à Versailles pour négocier une conciliation possible entre le gouvernement et les insur-
gés. Il faut avoir vu ces choses de près
pour savoir ce que l'intelligence toujours
éveillée et toujours lucide de Grévy, sa
fermeté inébranlable et le calme surpre-
nant qui ne l'abandonnaient jamais, donnèrent de force et de sécurité à M. Thiers.
L'Assemblée était admirable de dévouement patriotique, mais c'était une assemblée. Elle voulait se mêler de tout, parler
de tout, imposer sa volonté, même dans les
choses qu'elle ne savait pas bien. Thiers
luttait, à la fois, contre l'Allemagne, contre
Paris, contre les grandes villes à demi-ré-
voltées, contre les prétentions de la droite
qui auraient précipité les conséquences de
la guerre civile. Il trouvait, pour ces difficultés qui surgissaient à chaque heure, à

chaque minute, le ferme appui du président de l'Assemblée, qui maintenait l'ordre dans la salle et le ramenait dans les discours. Ce sont des pages de la vie de Grévy qu'on écrira sans doute un jour et qui feront le plus grand honneur à sa mémoire.

Il commit la faute de quitter la présidence de l'Assemblée nationale pour une susceptibilité personnelle ; et sa retraite fut une des causes de ce que j'ai appelé la catastrophe du 24 mai. Sa conduite fut dictée par les mêmes motifs qui avaient déterminé son abstention du 4 septembre. Nous nous mîmes tous après lui pour le faire changer de résolution ; mais ceux qui le connaissaient savaient, dès la première heure, que ce serait peine perdue. Sa douceur ordinaire, son esprit de conciliation, qui avaient fait des merveilles, tenaient en grande partie à ce qu'il se sentait incapable de céder à des influences et de revenir sur une résolution arrêtée.

Quand les élections, après le vote de la

Constitution, ramenèrent Grévy au fauteuil, on regarda avec raison sa réélection comme un grand bonheur pour la République.

Grévy, président de la Chambre des députés, avait un logement au Palais. Il résida d'abord dans les appartements de Louis XIV. Quand la Chambre, après la création du Sénat, occupa l'aile de l'Orangerie, l'hôtel du président fut compris dans les nouveaux bâtiments. Il était magnifique. Grévy ne s'y installa jamais. Il y donnait ses fêtes, mais il continuait d'habiter, à Paris, son appartement de la rue Saint-Arnaud, qui était le logement d'un bon bourgeois, sans aucun faste. On connaissait ses habitudes, comme on connaît à Paris les habitudes de tous les hommes en vue. Il n'était pas absorbé par le travail. Il passait une partie du temps qui lui restait libre au café de la Régence, sur la place du Théâtre-Français. C'est le rendez-vous des joueurs d'échecs. Grévy te-

nait parmi eux l'un des principaux rangs.
C'était aussi un joueur de billard de premier
ordre.

Son talent en ce genre faillit un jour déranger mes combinaisons. J'étais alors président du Conseil. Grévy dînait chez moi
avec le général Cialdini, ambassadeur
d'Italie. La réception avait lieu après le
dîner dans les salons du rez-de-chaussée ;
mais Grévy, qui connaissait la maison, avait
mené le général au premier étage, où se
trouvait le billard, et ils avaient commencé
à eux deux une partie digne d'une éternelle
mémoire. Mon fils vint me dire, au bout de
quelque temps, que Grévy accomplissait de
véritables merveilles et que l'ambassadeur
se montrait d'une humeur massacrante. On
peut être un héros et être, en même temps,
mauvais joueur. J'avais tellement besoin à
ce moment-là de la bonne humeur de Cialdini que je fis supplier Grévy de faire une
faute, d'avoir un moment d'oubli. Mais il
répondit noblement qu'il ferait tout pour

m'obliger, excepté de compromettre sa réputation.

Les échecs, le billard et la chasse, voilà tout ce que le public savait des passe-temps de Grévy, président de la Chambre. Il en avait un autre, que très peu de personnes connaissaient : c'était un fin lettré, bon latiniste, très passionné pour la lecture des anciens et des écrivains de nos trois grands siècles.

Il ne contribua en rien à la chute du maréchal de Mac-Mahon. Elle fut l'œuvre de Gambetta.

Quand la présidence de la République devint vacante, un grand courant se forma dans les deux Chambres et dans le pays qui désigna Grévy. Tout le monde était d'accord, la gauche dont il était l'homme, la droite qui le savait conservateur et circonspect. Sa famille et ses amis, qui étaient dans une grande émotion le jour du vote, ne parvinrent ni à le faire lever avant neuf heures, ni à le faire partir pour Versailles avant midi. Il me fit venir dans son cabinet pendant le scrutin et me dit tout ce qu'il allait faire, de ce ton bas et paisible qui lui était habituel et qu'il gardait même à la tribune.

Cette élection a fait plaisir à tout le monde, même à lui, mais à lui moins qu'à beaucoup d'autres. Il avait désiré cette place parce qu'elle était à sa portée, et qu'on ne pouvait guère la lui refuser sans commettre à son égard une injustice. Mais il prévoyait qu'elle commencerait par le gêner et qu'elle pourrait finir par l'ennuyer, le tracasser, le martyriser.

Le premier résultat fut de le mettre en prison. Pour cette fois il fallut quitter le deuxième étage de la rue Saint-Arnaud et s'installer au palais de l'Élysée.

Il avait des amis et des amies, chez lesquels et chez lesquelles il aimait à passer de bonnes soirées, où il se montrait convive aimable, causeur spirituel, joueur habile. Il fallut rompre toutes ces relations, rester

chez soi, et y recevoir, au lieu d'amis, des
députés, des ministres, des ambassadeurs
et des grands-ducs. Vous me direz que
l'Élysée est une belle prison ; qu'on lui
donnait de beaux appointements ; qu'on
lui permettait de jouer au billard dans
l'après-midi, et d'aller de temps en temps
à la chasse. Mon Dieu, oui ; il avait une
douzaine de salons, il jouait et il chas-
sait en cérémonie. Mais tout cela, prenez-y
garde, sous l'œil du public. Le public
prenait note de son dîner et de son déjeuner, il glosait sur ses carambolages, il s'in-
quiétait de son argent, il comptait ses
coups de fusil. Il se laissait aller tout
doucement à de petites inventions per-
fides que lui fournissaient, à la canto-
nade, les successeurs en herbe. Si le président recevait à déjeuner son médecin, qui
était un garçon de bonne humeur : « Il est
malade, disaient les affidés, on lui fait
prendre des remèdes, il n'en a plus pour
longtemps... » Notez que le président était

plus robuste que vous et moi. Une autre invention, c'est qu'il était de la dernière économie, d'une économie presque sordide. Il donnait peut-être, par an, un bal de moins que le maréchal de Mac-Mahon! Il n'invitait, disait-on, personne à sa table, et, quand, par hasard, il vous invitait, c'était pour vous laisser mourir de faim! De plus, il avait de l'argent, et il gouvernait sa fortune en bourgeois intelligent. Voyez-vous le criminel!

La vérité est qu'il était très hospitalier, qu'il avait toujours une très bonne table, qu'il était peut-être un peu gourmand, et qu'on était reçu chez lui avec beaucoup de dignité, de cordialité et de simplicité. Mais il était Président, et il fallut qu'on lui trouvât des défauts et des ridicules. Il est probable qu'on lui racontait ces fadaises, qu'il a commencé par en rire, et qu'il en a été ensuite agacé. Vous me direz qu'il faut toujours payer ses grandeurs.

Trois jours après son élection, je dînais,

à côté de lui, chez Camille Sée : « Croiriez-
vous, me dit-il, que le général Vinoy est
venu ce matin m'apporter le grand cordon
de la Légion d'honneur ? » M. Thiers le
lui avait envoyé l'année précédente, mais
il avait refusé. « Que voulez-vous ! mon
cher ami, lui dis-je en riant, quand on
accepte les honneurs, il faut en subir les
charges. »

Quand il se vit confiné à l'Élysée, car,
après avoir accepté des invitations dans les
premiers temps, il comprit assez vite que
le président devait vivre uniquement chez
lui, il conserva ses amusements favoris :
les échecs, le billard, et ses parties de
chasse à Mont-sous-Vaudrey, chasses de
propriétaire campagnard, en blouse et en
chapeau de paille, le fusil sur l'épaule et
la gibecière sur l'échine, avec un ou deux
chiens familiers. Il préférait ces prome-
nades solitaires et ces courses par monts
et par vaux aux massacres élégants, — et
révoltants, — qu'il aurait pu faire, en qua-

lité de grand prince, dans les bois de la couronne.

Il avait une autre habitude invétérée. C'était de déjeuner plantureusement vers midi, en compagnie de quelques amis. C'était son seul repas ; il ne s'asseyait guère le soir auprès de la table que pour causer avec sa famille. Il conserva ces déjeuners à l'Élysée, où il tenait grande table tous les jours, à midi. Il y avait des habitués auxquels il disait une fois pour toutes : « Venez déjeuner quand vous voudrez », et des invités de diverses catégories pour les grands jours et pour les jours d'intimité. Il ne donnait que les dîners indispensables.

J'entre dans ces menus détails pour expliquer la rareté prétendue des réceptions pendant sa présidence. La vérité est qu'il resta ce qu'il avait toujours été, agrandissant, en quelque sorte, ses habitudes sans les changer, en remplaçant la majesté par beaucoup de cordialité et de simplicité.

On ne put jamais le décider à faire une tournée dans les départements. Il n'en avait pas le goût ; il n'en voyait pas l'utilité. Je crois qu'en cela il se trompait. La France a beau être républicaine, elle garde une certaine prédilection pour le luxe et pour la représentation un peu théâtrale. Elle savait gré au maréchal de Mac-Mahon d'être maréchal. Elle a aimé à voir le Président Carnot déployer du luxe chez lui et parcourir avec pompe les départements. Il est vrai qu'il s'en acquittait avec une dignité et une habileté que des princes lui envieraient. Grévy était un vieil avocat de soixante-dix ans, qui ne voulut pas forcer sa nature.

Il n'aimait pas l'éclat, le bruit, la représentation. Peut-être était-il trop simple pour le goût de cette nation, qui ne peut pas se déshabituer des panaches. Il rendait au pays de très grands services, dont il ne se vanta jamais, par son influence personnelle sur le corps diplomatique. J'ai pu

savoir avec quel soin il entretenait ces relations, si difficiles alors et pourtant si
nécessaires. Tout lui passait par les mains,
tout était débattu dans son cabinet, sans
que jamais il affichât la théorie du gouvernement personnel. Ceux qui le voyaient
de près savaient qu'on pouvait compter
sur son patriotisme éclairé et sur son zèle
infatigable.

Il regarda comme son premier et son
seul devoir de bien gouverner.

Il voulut, avant tout, être un président
correct, un président constitutionnel ; il
gouverna au gré de la très grande majorité,
puisque sa réélection se trouva assurée
sans la moindre brigue et, pour ainsi dire,
sans effort.

S'il s'était produit à la Chambre une majorité de droite, ou une majorité jacobine,
je pense qu'il se serait retiré plutôt que de
la subir : il aurait d'abord usé de tous les
moyens que la Constitution lui donnait
pour l'empêcher de naître. L'occasion de

cette double épreuve lui fut épargnée. On
a discuté, naturellement, les choix qu'il a
faits de ses ministres ; ils étaient ceux que
ses opinions lui imposaient. Lui reprocher
ses choix, c'était lui opposer les opinions
de toute sa vie, dans lesquelles il n'a jamais
varié ; les oscillations de la majorité ne
dépassèrent pas les limites de la gauche
constitutionnelle. Mes amis et moi, nous
trouvâmes qu'en quelques circonstances
il se rapprochait des Jacobins au-delà de
ce qu'il aurait voulu et de ce que nous
pouvions supporter. Je fus deux fois
chargé par mes amis de lui porter nos do-
léances. Je le trouvai d'accord avec moi
sur le fond des idées, mais convaincu que
la situation ne justifiait pas, de sa part, la
publication d'un message et une rupture
avec la majorité. Je ne signale ces incidents qu'afin d'établir que je ne fus pas
toujours en communauté d'opinion avec
lui.

Cela dit, je crois être dans la vérité en

affirmant que son langage et ses actes
furent constamment le langage et les actes
d'un républicain, d'un patriote, d'un ami
de la paix et d'un bon serviteur du pays.
Tout dans la conduite du Président rappelait la longue et honorable carrière de
l'avocat et du député : c'était le dévouement à la même cause, la fermeté dans les
mêmes principes. Il avait, au plus haut degré, le sentiment que, la République étant
accusée par ses ennemis intérieurs et
extérieurs de manquer de stabilité, il était
du devoir d'un gouvernement soucieux de
l'avenir de répondre à ces inquiétudes par
le respect de la Constitution, de la loi, des
traditions parlementaires. Ce fut la règle
constante de sa politique, à laquelle ré-
pondaient ses habitudes privées et l'ordre
même établi dans sa maison. Il est certain
qu'il avait réussi et que nos adversaires
eux-mêmes s'accoutumaient à prendre au
sérieux un gouvernement conduit avec
cette prudence et cette fermeté.

Jamais sa main ne parut. Il mit son habileté à cacher son intervention. Mais comme il n'était indifférent sur rien et que son avis, indépendamment de sa place, était fait pour être compté, il dirigeait ou redressait les résolutions individuelles de ses ministres, et, dans le conseil, exerçait la prépondérance due à sa perspicacité, à son bon sens, à la rectitude de son jugement et à ses sentiments de modération et d'impartialité. C'était, d'ailleurs, un contradicteur à la logique et à la science duquel il était difficile de résister. Ce fut lui, personnellement, qui, dans l'affaire Schnœbelé, préserva la France d'un grand péril. En tenant compte des difficultés et des résultats, je ne crois rien exagérer en disant qu'il fut un grand Président de la République.

Je ne veux pas dire un mot de sa chute, parce qu'il y aurait trop à dire et que les principaux faits sont dans toutes les mémoires.

Après un message que j'aurais voulu plus court et plus calme il s'est mis à l'écart avec une sagesse et une dignité à laquelle il faut rendre justice. Pendant cinq ans il s'est tu. Vous ne trouverez pas beaucoup de chefs d'État disgraciés qui aient su ou pu en faire autant.

MAC-MAHON

Il y a deux hommes dans Mac-Mahon :
le soldat et l'homme politique. Je n'ai rien
à dire du soldat. Je m'associe à tous les
éloges qu'on fera de lui sous ce rapport. Je
me crois en état de juger l'homme politique
avec impartialité et même avec bienveillance. Je dois pourtant rappeler, ne fût-
ce que par esprit de justice, que j'ai un
grief contre lui. En me renvoyant le 16 mai,
il a violé à la fois les règles du gouvernement parlementaire et celles de la politesse.
Je ne lui reproche que le second délit qui

reste pour moi incompréhensible; quant à la crise ministérielle, j'étais occupé avec Martel à chercher un moyen honorable de la provoquer, quand le Maréchal m'en fournit un de sa façon.

Au moment où la droite conçut la pensée de renverser M. Thiers et de le remplacer par M. de Mac-Mahon, le Maréchal était très populaire en France. Ce n'était pas de l'enthousiasme, c'était une estime raisonnée et très justifiée. On lui savait gré, entre autres choses, de n'avoir jamais fait de politique. Toute sa carrière avait été celle d'un soldat; il devait son avancement à ses talents militaires et à sa bravoure. Il était sorti de Saint-Cyr avec un bon numéro, et, comme il avait au plus haut point l'amour de son métier, il n'avait pas cessé de travailler. Il avait deux grandes qualités : il était instruit et il avait l'esprit d'aventure.

Il fut d'abord Africain, et fit ses premières armes dans cette bonne armée qui

avait pour chef le maréchal Bugeaud et au-
dessous de lui les Lamoricière, les Bedeau,
les Changarnier, les d'Aumale, les Duvi-
vier, les Cavaignac. Il fut ensuite envoyé
en Crimée. C'est lui qui s'empara héroïque-
ment de Sébastopol et s'y maintint avec un
courage et une fermeté non moins hé-
roïques en écrivant au général en chef ces
mots célèbres : « J'y suis, j'y reste ! »

Commandant d'un corps d'armée en
Italie, on lui dut la victoire de Magenta,
qui lui valut le bâton de maréchal et le
titre de duc. Quand l'armée revint à Paris,
après une paix glorieuse, il évita les ovations qu'on voulait lui faire. Si grand et si
modeste ! Sa renommée et sa popularité
s'en accrurent.

Il était d'une famille écossaise, réfugiée
en France, légitimiste par ses relations et
ses intérêts personnels, mais légitimiste
indépendant, fidèle au gouvernement qu'il
servait, et dévoué, par-dessus tout, aux
grands principes conservateurs.

M. Cornély citait une conversation de lui avec l'empereur Napoléon III, qui le peint tout entier. L'Empereur, tout en fumant son cigare après dîner, lui demanda nonchalamment comment il avait voté au plébiscite. — « Sire, dit-il, j'avais l'intention de voter non. Mais, dans l'armée qui vota avant moi, tous les régiments votèrent oui, et les compagnies de discipline votèrent non. Je me dis alors : toi, le général, tu ne peux pourtant pas voter avec les mauvais soldats. Et je votai oui. » Il termina ce discours en éclatant de rire. Je suis bien persuadé qu'il fit cette réponse sans y attacher aucune importance, et qu'en disant : « J'avais l'intention de voter non », il ne crut pas faire un acte de courage.

Il ne pouvait jouer aucun rôle au Sénat, étant toujours en Afrique. Il se trouva présent, par hasard, quand on vota sur la loi de sûreté générale, et vota presque seul contre le gouvernement. Ce vote fut très remarqué.

Puisque je rappelle les preuves de décision et de fermeté qu'il a données, je citerai
encore le mot célèbre qu'il prononça quand
le comte de Chambord parlait de rendre le
drapeau blanc à l'armée. « Les chassepots
partiraient tout seuls », dit le Maréchal.

Il était religieux, mais il n'était nullement clérical. J'étonnerai peut-être quelques personnes qui ne connaissent pas
Mac-Mahon et qui ne me connaissent pas
davantage, en disant que, pendant toute la
durée de mon ministère, nous fûmes toujours d'accord, lui et moi, sur les questions
religieuses. Il terminait les discussions en
disant : « Laissons faire le président ; le
président arrangera cela ». C'était l'époque
où l'épiscopat faisait campagne pour le
rétablissement du pouvoir temporel.

Il était en très mauvais termes avec
l'archevêque d'Alger. Je croyais, comme
tout le monde, qu'il s'agissait d'un dissen-
timent tout personnel à propos de la première communion d'un des fils de M. de

Mac-Mahon, mais la question était plus générale et plus haute. L'animosité du Maréchal se laissait voir jusqu'à la fin, quoique contenue par le sentiment des convenances.

J'en souffrais à cause de ma vieille et respectueuse amitié pour le cardinal. Je regrettais aussi une certaine malveillance qu'il montrait assez souvent, dans ses conversations, pour le maréchal Canrobert. J'aurais voulu voir renaître la concorde entre deux hommes qui honorent tant notre armée. Si je puis hasarder une opinion, je crois que le maréchal Canrobert a, comme on dit, le cœur sur la main, mais que Mac-Mahon avait la rancune persistante. Il a été dur pour le maréchal Bazaine. Peut-être, dans ce dernier cas, n'a-t-il été que juste. Je suis persuadé, au moins, qu'il a voulu l'être.

Il fut chargé d'un des plus grands commandements dans la désastreuse campagne de France. Il se montra, à Reichshoffen,

digne de son grand passé militaire. Il ne
porta pas la responsabilité de la journée de
Sedan, puisqu'il eut le bonheur d'être
grièvement blessé la veille et mis hors de
combat.

Quand M. Thiers chercha parmi nos
généraux celui qui inspirerait le plus de
confiance à l'armée et au pays, son choix se
porta sur Mac-Mahon. Ce fut à ce moment
qu'il dit aux généraux : « Aucun de vous ne
m'est désigné par la victoire. » Mac-
Mahon, au moins, n'avait pas commis de
faute qui lui fût imputable, et il avait les
souvenirs de Sébastopol et de Magenta. Il
avait aussi sa renommée d'homme indépendant, fidèle, attaché à tous ses devoirs, passionnément dévoué à l'armée et
à la France.

M. Thiers s'en louait beaucoup, d'où je
conclus qu'il le trouvait docile, car en matière de guerre, de finance et de politique
extérieure, il ne souffrait pas la contradiction. Il s'accommoda de Rémusat à force de

considération pour l'homme et de respect pour son talent, mais je lui disais
quelquefois, dans les premiers mois de
son gouvernement, quand Rémusat et
Léon Say n'étaient pas encore avec nous,
qu'il avait deux ministres et cinq secrétaires.

Il faut croire que ses idées sur la recons-
titution de l'armée et le siège de Paris con-
cordaient avec celles de Mac-Mahon, puisqu'il ne cessa de s'en louer. Son mot favori,
en parlant de lui, était celui-ci : « C'est un
homme excellent. » Nous parlions quelquefois, sur la fin, c'est-à-dire dans les premiers mois de 1873, des efforts de toutes
sortes tentés par la droite pour renverser
la République, ou tout au moins le Président de la République. M. Thiers, à qui rien
n'échappait, et qui connaissait toutes ces
intrigues comme ceux qui les dirigeaient,
disait pourtant : « Ils n'ont personne ! » Je
lui objectai Mac-Mahon. « Ils lui en ont
parlé, dit-il ; mais il a refusé et il est venu

m'avertir. Je réponds de lui. C'est un homme excellent ».

La veille du jour où il me renvoya (on sait que j'ai été renvoyé deux fois : une fois par Mac-Mahon pour n'avoir pas voulu attaquer la liberté de la presse, et une fois par M. Thiers pour avoir dit que lui, M. Thiers, était le libérateur du territoire); la veille de mon départ, dis-je, et par conséquent huit jours avant celui de M. Thiers qui me suivit de près, ce fut le Président qui, le premier, prononça le nom de Mac-Mahon. « Mais, lui dis-je, vous nous avez dit que vous en répondiez. » Il me répliqua d'un air pensif : « Je ne le dis plus. »

Je ne raconte pas la journée du 24 mai. M. Thiers se crut trahi : il l'était; il se crut trahi par le Maréchal. Je n'en sais rien. Il l'avait mis à la tête de l'armée, ce qui était la marque de confiance la plus éclatante qu'il pût donner; et maintenant il le voyait accepter sa succession et rendre, en l'acceptant, sa chute possible. M. Thiers ne

voyait que cela; mais il faut voir aussi
dans l'âme du Maréchal. Il avait les mêmes
opinions que ceux qui montaient à l'assaut
du pouvoir. S'il restait fidèle à M. Thiers,
il trahissait ses amis politiques et son propre parti. La situation était au moins difficile, et faite pour embarrasser la conscience
la plus droite. Le Maréchal n'avait pas
intrigué, il n'avait pas sollicité. On dit
même qu'il refusa, mais je tiens peu de
compte de ce refus fait après le vote, et
qui ne fut pas longtemps maintenu.

En somme, je crois qu'il n'y a pas lieu de
faire un grief au Maréchal de son accepta-
tion. Aucun de nous ne le lui pardonna sur
le premier moment. La colère que nous
éprouvions contre les auteurs du 24 mai
rejaillit sur le bénéficiaire, et nous com-
mençâmes une guerre sans merci.

Le gouvernement du Maréchal fut une
longue lutte contre Gambetta, rendue plus
difficile par l'opposition savante, insistante
et persistante de M. Thiers et de ses amis.

Gambetta voulait être Président et gouverner avec une Chambre unique, en détruisant dans le pays les influences cléricales. Thiers voulait être Président et continuer, sous le nom de République, la monarchie constitutionnelle, qu'il aurait rendue de plus en plus libérale. Ni l'un ni l'autre ne voulaient voir en Mac-Mahon autre chose qu'un usurpateur qui détenait le pouvoir par surprise. Il était peut-être le moins ambitieux des trois. Son idéal était, comme celui de M. Thiers, une République avec des institutions monarchiques ; mais Thiers acceptait la République de bonne grâce ; Mac-Mahon, qui la subissait malgré lui, n'avait aucune des aspirations libérales de son prédécesseur, et se préoccupait surtout de rendre le gouvernement fort.

Quand il pouvait suivre son penchant, il confiait l'autorité à M. de Broglie. Dès que la Chambre refusait de supporter un ministère de réaction, il appelait M. Dufaure

7

qu'il n'aimait pas, et qu'il subissait comme un pis-aller. Quand il fut obligé d'aller jusqu'à moi, il dit partout : « C'est ma dernière concession. Je n'irai jamais plus loin. » Je crois qu'il s'aperçut assez vite que j'étais moi-même conservateur, quoiqu'en entendant tout autrement la façon de conserver ; mais il disait, non sans raison, que les républicains ne me suivraient pas. Il me le disait à moi-même : « Ils ne veulent pas plus de vous que de Dufaure ». Il me dit un jour : « Ils ne voudraient plus de Gambetta s'ils l'avaient ».

Je n'avais guère de difficultés sérieuses avec lui que sur les personnes. Les ministres qu'il préférait avaient peuplé l'administration d'ennemis de la République. Je fus obligé de changer presque tout le personnel. Il fallait sa signature. Il cédait, mais avec des façons qui signifiaient : « Je vous laisse faire votre épreuve, et je suis certain qu'elle tournera contre vous. »

Je savais qu'il était entouré de mes ennemis. Pour lui, je crois qu'il me jugeait plus équitablement. Il avait même pris, à la longue, une sorte de confiance en moi. Il me dit : « Je ne vous reproche que de trop écouter cette Chambre de brouillons et de bavards, qui ne songe qu'à vous renverser ».

Il avait vu le despotisme impérial subsister à côté de tout le formalisme parlementaire, les deux Chambres, le suffrage universel, et il ne se rendait pas compte que le gouvernement impérial était la force, avec une comédie parlementaire pour amuser le public ; que cette force reposait sur toute une série d'institutions monarchiqués, sur l'hérédité, sur le prestige persistant du nom de Napoléon, et sur les fautes accumulées de l'Assemblée législative. Il ne réfléchissait pas non plus sur ce qu'a de peu honorable la conduite d'un gouvernement qui fait mine de donner le droit de suffrage, et qui, par ses manœuvres secrètes, le supprime.

Le conseil clandestin qui le dirigeait, et auquel, soit dit en passant, appartenaient des personnes touchant de très près à mon administration, ne cessait de le pousser à une dissolution qui serait suivie d'une élection faite, à la mode de l'Empire, dans les bureaux de Paris ; mais, plus au courant que lui des situations et des personnes, ses conseillers ne commettaient pas l'incroyable contre-sens de me charger de l'opération. Ils profitèrent pour me renverser, de l'aversion qu'il éprouvait pour la presse. Il proposa dans le Conseil des lois d'une sévérité excessive. Je refusai de m'y associer ; ce fut le prétexte de la lettre qui mit fin à mon administration. Je ne m'explique pas encore par quel malentendu il s'imagina que j'avais promis de combattre la presse, lui qui connaissait mon passé et mes engagements à cet égard, et qui les avait rappelés en plein Conseil en les déplorant.

Je n'avais fait qu'une concession arrachée par le malheur des temps. Les Allemands rendaient le gouvernement responsable des arrêts du jury. J'avais promis de déférer à la police correctionnelle les attaques contre les puissances étrangères. Je devais présenter au Sénat un amendement en ce sens; j'en avais prévenu la Commission de la Chambre des députés qui aimait mieux délibérer sur un vote du Sénat que sur une proposition du ministre. Mes résolutions n'avaient pas changé. Je rappelai tous ces faits au Maréchal dans une réponse que je lui adressai le 16 mai, après l'avoir communiquée à mes collègues, qui en reconnurent unanimement l'exactitude.

La crise électorale qui survint aussitôt donna lieu à une pression administrative tellement violente que le bruit se répandit partout qu'il fallait s'attendre à un coup d'État. Je ne sais pas si les ministres y pensèrent ; ou plutôt, je ne le crois pas. Ils eùrent recours au maximum de pression électorale, sans songer à employer la force, en cas d'échec. Pour le Maréchal, qui, certainement se croyait dans son droit en menant les élections d'après le système de Morny et des Persigny, l'idée d'un coup d'État ne pénétra jamais dans son esprit.

On peut dire qu'il avait donné sa démission en signant la lettre du 16 mai. Quand un chef d'État prend des résolutions pareilles, il joue son va-tout. Il faut réussir ou disparaître. Il quitta son poste sans regret; et, en effet, le pouvoir n'était pas à regretter dans les conditions où il l'exerçait.

Lorsqu'il eut quitté l'Élysée, le silence se fit autour de lui. Il n'avait ni une cour militaire, ni une cour politique. Il ne pouvait diriger le pays par ses conversations, comme le fit Thiers à la place Saint-Georges, et comme le faisait Bismarck après sa retraite.

Il ne laissera pas le renom d'un homme d'État. Il ne faut pas non plus le juger par

les absurdes légendes que ses adversaires
ont répandues. Il était incontestablement
d'une ignorance absolue dans tout ce qui
constitue la diplomatie parlementaire ; il
lui arrivait aussi d'avoir des accès de colère subits. Cette lacune, et ces sursauts
l'engagèrent plus d'une fois dans des dé-
marches plus que singulières. Mais il était
instruit en diverses matières et connaissait
à fond son métier de soldat, ce qui implique
une science assez complète et des études
soutenues. On répète volontiers dans l'armée, qu'assez ordinaire dans les détails du
commandement, il devenait, tout à coup,
un homme supérieur sur le champ de
bataille.

La clairvoyance dans le péril ! Cela sup-
pose de très hautes qualités d'esprit et de
caractère. Tout le monde sait qu'il était
d'une bravoure à toute épreuve. Je ne
parle pas de cette bravoure de sous-lieutenant qu'il garda jusqu'au dernier jour, et
qui consiste à mépriser le danger personnel

et même à le rechercher, avec une sorte de volupté sauvage ; mais de la bravoure intellectuelle qui dicte les résolutions suprêmes et inspire la fermeté nécessaire pour les faire aboutir. En somme, le Maréchal de Mac-Mahon fut un grand capitaine et un homme de bien. C'est ainsi que le juge, avec une grande sincérité, un homme à qui il a fait un peu de mal.

HIPPOLYTE CARNOT

Le caractère particulier d'Hippolyte Carnot était de ne pas se mettre en avant. Au Corps législatif, il prit une ou deux fois la parole pour défendre des amendements sur l'instruction publique. Il le fit parce que nous l'y poussâmes, je doute qu'il s'y fût résolu spontanément.

Non seulement il n'abordait pas la tribune, mais il n'interrompait pas les orateurs et ne se mêlait pas aux manifestations bruyantes de son parti. Personne ne l'a jamais entendu élever la voix.

Il gardait la même réserve dans nos conciliabules, qui étaient journaliers. Il arrivait le premier, il partait le dernier. Il répondait quand on lui posait une question. On s'apercevait alors qu'il avait une opinion arrêtée. Il n'avait d'hésitation ni dans l'action, ni dans la pensée; il en avait un peu dans la prononciation. Si on passait outre, après avoir entendu son opinion, il n'insistait pas. Cette attitude trompait les esprits inattentifs, qui le croyaient incertain et timide. Personne n'a jamais été ni moins fanfaron, ni plus courageux.

Quand il fut ministre de l'instruction publique, sous le gouvernement provisoire, il prit sur-le-champ auprès de lui Jean Reynaud et Charton. Il laissa dire qu'il abritait son indolence derrière leur capacité et leur activité. Jean Reynaud savait à quoi s'en tenir. Il savait quelle était l'érudition de Carnot et quelles étaient sa force et sa volonté. A eux trois, s'ils avaient duré, ils auraient transformé l'instruction publique. Aucun ministre n'a fait plus de choses en si peu de temps.

Quand l'Université lui fut présentée selon l'usage, il la reçut entre ses deux amis. Elle se savait appelée à comparaître devant trois saint-simoniens, mais trois saint-simoniens qui s'étaient retirés de l'école pour ne pas participer aux folies d'Enfantin. Le ministre écouta très attentivement toutes les harangues et ne répondit point. On disait : « C'est un ministre muet. » Il plaça pourtant ces deux mots, que j'entendis de mes oreilles : « C'est pour les déshérités et les humbles que nous avons fait la République. L'Évangile sera désormais une vérité ».

Dans le court espace de quelques semaines, il trouva le moyen de créer l'école d'administration et de proposer un projet de loi qui rendait l'instruction primaire obligatoire et gratuite. Il fonda aussi, pour le peuple, tout un ensemble de lectures publiques, qui avaient le double

avantage d'occuper utilement et agréable-
ment les loisirs des travailleurs et de les
mettre en relation avec les grands écrivains
de notre langue.

Carnot fut conservé comme ministre de
l'Instruction publique et des Cultes dans
le premier ministère du général Cavaignac.

Malgré ses paroles sur l'Évangile, ou
peut-être à cause de ces paroles, le clergé
était pressé de se débarrasser de lui. Il y
parvint en provoquant un ordre du jour de
défiance.

La droite crut frapper un grand coup en
remplaçant Carnot par Vaulabelle. Vaulabelle n'avait pas les connaissances étendues que Carnot devait aux universités
allemandes et à l'habile direction de son
père. Il ne professait pas, comme Carnot,
un sincère et profond respect pour les
idées religieuses ; il n'avait pas le même
sentiment des droits du peuple et de ses
besoins intellectuels et moraux.

Débarrassé des soucis du pouvoir, Carnot vint siéger tout au fond de la salle, entre François Arago et moi, dans un coin que je me rappelle avec plaisir, où nous avions avec nous Charton et Victor Chauffour, et où nous discutions en paix les questions à l'ordre du jour, sans être distraits par les discours de tribune, dont il était rare qu'on entendît un mot à cette distance.

Il défendit jusqu'à la fin le gouvernement et la candidature du général Cavaignac. Je n'ai pas besoin de dire que, dans les diverses législatures auxquelles il appartint par la suite, il suivit la ligne de conduite de la gauche modérée, évitant toujours, par une sorte d'instinct, de se mettre en évidence, ne reculant jamais devant aucun péril, homme de bon sens, de bon conseil et de dévouement, le plus solide des combattants, le plus fidèle des amis.

Il passait pour un peu froid. Je me rappelle, à cette occasion, que, quand la femme de son second fils, Adolphe Carnot, mourut à Limoges, à la fin de l'Empire, il me chargea, par un mot très court, de prévenir nos collègues qu'il partait le soir pour la Haute-Vienne et qu'il ne viendrait pas à la séance. Nous résolûmes d'aller tous ensemble lui serrer la main avant son départ. Nous le trouvâmes paisiblement occupé à boucler sa malle. Il nous raconta, de son ton ordinaire, les détails de la maladie et nous reconduisit jusqu'à la dernière porte de l'appartement. Nous remarquions, sans en être surpris, ce sang-froid extraordinaire dont il nous avait si souvent donné des preuves. Comme je sortais le dernier, il me retint par mon habit, me fit rentrer dans l'antichambre, poussa vivement la porte sur nos amis et se jeta à mon cou en pleurant. Cela ne dura qu'une minute. Je me retrouvai, aussitôt après, sur l'escalier avec nos collègues qui parlaient entre eux de son impassibilité.

A la différence de son père et de son fils,

Hippolyte Carnot n'a pas été mis à sa place. Il était, sous une apparence modeste, instruit dans toutes les sciences qui touchent à la philosophie et à la politique. Quoiqu'il fût plein d'activité et de courage, il ne fut jamais appelé au premier rang. Quand il en approcha, un rien, un grain de sable suffit pour l'en écarter.

C'était un vertueux et un sage. Toute sa vie fut un exemple de dévouement et de droiture.

SADI CARNOT

Pour arriver en politique, il faut une ambition violente ou un grand coup du sort.

C'est un coup du sort qui porta Sadi Carnot à la présidence. Personne ne songeait à lui pour cette grande place. Nous avions des hommes qui avaient mené la République avec éclat, aux pieds desquels s'étaient mises les majorités, et entre lesquels il semblait qu'elles dussent choisir. Sadi Carnot l'emporta avec facilité. Il fut élu président sans intrigue, par respect pour son nom, et par respect pour son caractère. Si j'avais à le juger, ce n'est que par un mot que je le ferais : Je dirais qu'il a été fidèle, en morale aux traditions de sa race, en politique, aux traditions de son parti.

Devenu président, il ne démentit pas les présages des amis et des adversaires. Il fut correct jusqu'au scrupule ; fidèle à son parti, qui était un parti étroit, mais essentiellement républicain; prêt, en toute occasion, à donner de sa personne.

Il fit aussitôt deux parts de son rôle : l'une, de représentation, l'autre, de direction. Au point de vue de la représentation, il fut infatigable et correct ; il représenta avec dignité le pouvoir devant la population et la France devant l'Europe.

Thiers avait trop à faire pour songer à se montrer ; il se contentait de gouverner. Grévy était ennemi de toute ostentation. Carnot, sans aimer l'éclat, le croyait nécessaire pour le prestige de la République. Il

ne se prodiguait pas, mais il se donnait. Il
représentait, dans les occasions, sans
faste, mais avec beaucoup de dignité. S'il
survenait une catastrophe ou un péril, il
n'était plus seulement un président fidèle
à tous les devoirs de sa position ; c'était un
homme de cœur, ami de l'humanité et de
la patrie.

Les républicains l'aimaient ; tous les
partis lui rendaient justice. Moi, qui le
connaissais beaucoup, et depuis sa première
enfance, qui avais été l'ami intime de son
père et de son beau-père, je le retrouvais
au pouvoir tel que je l'avais connu dans
l'intimité de sa famille. On comprenait
qu'il fût aimé, on ne pouvait pas comprendre qu'il fût haï.

Pour la direction politique, il n'affecta
pas de faire sentir sa main ; il mit son honneur à faire triompher le parti auquel il
appartenait avant son élection.

Il subissait nécessairement les oscillations de la Chambre, mais, quand elle

s'éloignait de son parti politique, on sentait qu'il la suivait avec peine ; et, dès qu'elle y revenait, il semblait que le président se retrouvât chez lui. C'est pour ce motif qu'il est juste de dire que son histoire se confond avec celle d'une école, qu'il a appartenu à cette école de la façon la plus complète ; que, si elle a conquis quelque gloire, il doit en prendre très justement sa part.

Discuter Sadi Carnot, ce serait discuter la majorité avec laquelle il a gouverné. Je n'ai nul dessein de cacher, par respect pour sa mémoire ou par amitié pour sa personne, que j'ai vivement regretté la campagne contre les idées religieuses qui a commencé avant son avènement et n'a été enrayée que dans ces derniers temps ; mais ce mot est tout ce que je peux me permettre.

Il avait résolu de quitter le pouvoir à l'expiration de son mandat, et de ne pas imiter ses prédécesseurs qui avaient demandé un renouvellement. Un président qui dure quatorze ans, c'est presque un président à vie. Cette tradition du renouvellement, si elle s'était perpétuée, faussait évidemment le caractère de la Constitution. Il avait eu le grand mérite de le sentir. La France lui en savait gré. Rien n'est plus facile à un président sortant que d'être réélu ; et c'est précisément à cause de cette facilité que la réélection est regrettable et même dangereuse.

Il y aurait à écrire une histoire de nos présidents ; elle serait féconde en comparaisons instructives ; mais elle serait féconde aussi en grandes déceptions. Tous nos Présidents, à l'exception de celui qui s'est retiré volontairement, ont été réélus et se sont vu renverser presque immédiatement après leur réélection. Aucun d'eux n'était plus sûr de sa réélection que Carnot, qui n'en voulait pas. Il semble bien qu'on peut dire aussi qu'aucun d'eux n'aurait été plus sûr d'aller jusqu'au bout de sa seconde magistrature. Au moment où il a été assassiné, il était en pleine possession de sa majorité dans la Chambre et dans le pays. Ce voyage à Lyon ne pouvait être et n'a été, en effet, qu'une course triomphale.

Sadi Carnot venait de prononcer là, un des plus importants discours que nous ayons entendus de lui. Il y résumait à grands traits l'histoire de sa présidence. Cette époque sera signalée dans l'histoire par trois grands faits : la défaite de Boulanger, l'alliance russe et la politique papale, dont le signal a été donné par le cardinal Lavigerie : la force rendue au pouvoir, la paix rendue à l'Europe et le calme rendu aux consciences.

Ce discours avait ajouté à l'enthousiasme qui accueillait à Lyon le président de la République. Ceux qui vivaient dans son intimité le savaient malade. Mme Carnot, se départant de sa réserve habituelle, avait écrit une lettre touchante au maire de

Lyon, pour lui recommander son mari, à bout de forces.

Il n'y paraissait guère au dehors; il jouait, ce jour-là, le rôle qu'il a tenu pendant sept ans avec une si louable fidélité et ne laissait rien apercevoir de sa maladie et de son épuisement. Il se rendait au théâtre, au milieu d'une joie universelle qu'il semblait partager lui-même, quand il a été tué d'un coup de poignard, en présence de ses ministres, des généraux, de l'armée — de l'armée elle-même — des fonctionnaires de tous ordres et de la population de Lyon sortie tout entière de ses demeures.

La mort frappe où elle veut... et il n'y a rien sur terre qui soit vraiment fort.

C'est à peine si l'on peut qualifier de crime politique le crime abominable qui a tout à coup stupéfié et consterné le monde. En tuant un roi, on peut se persuader qu'on tue une dynastie et un principe; mais qu'est-ce que la mort d'un Président? Il est

plus facile de remplacer un Président qu'un
Cabinet. A en juger par ce que nous avons
vu jusqu'ici, c'est une question de majorité
comme une autre. Les scrutateurs dépouil-
lent le scrutin, et tout est dit ; il ne s'agit
guère que d'une promenade à Versailles
pour les députés et les sénateurs.

Celui-là, en particulier, pourquoi le
tuait-on ? Il n'avait figuré dans aucune de
ces guerres civiles qui laissent de longues
rancunes ; il n'avait pas même fait de campagne contre le socialisme, dont on ne
voyait pas encore la force ; il était républicain. On ne peut découvrir aucune raison
qui armât un républicain contre lui. Une
idée vague était née dans la tête d'un in-
conscient ; et il avait réussi, contre toute
attente, à tuer un homme entouré d'une
foule énorme et sympathique. Voilà l'histoire à vau-l'eau par ce coup de poignard.

Faites donc à présent des raisonnements
en face de cette tombe, à moins qu'ils
n'aboutissent à cette conclusion, qu'il n'y

a pas de conclusion, et que ce n'est plus la peine de raisonner.

Mais il y a pourtant une consolation : c'est la perpétuité de la République. Ces coups du sort ne sont que pour les hommes. Ils montrent le peu que nous sommes dans l'histoire ; mais la patrie garde son étoile. La France, qui est redevenue prospère et puissante après Sedan, n'a rien à craindre des assassins. Les assassinats et les incendies causent de grands malheurs particuliers. Il est juste d'y compatir. La France passe triomphante à travers ces douleurs et semble gagner de nouvelles forces après chaque catastrophe.

Lazare Carnot, l'organisateur de la victoire, était un grand citoyen autant qu'un grand général. Sa vie austère, au milieu des terribles scènes de la Convention, du Directoire et de l'agonie impériale, devrait être un enseignement pour nous tous ; elle l'a été pour son fils Hippolyte Carnot et, par lui, pour ses deux petits-fils.

Hippolyte Carnot disait à ses fils : « Dans les occasions difficiles ne manquez jamais de vous demander : Qu'aurait-il fait ? »

Pour mêler mes regrets à ceux de toute la France, pour rendre justice à son dévouement sans égal, à son ardent patriotisme, on peut lui décerner ce suprême éloge que le troisième Carnot a porté dignement le nom de son père et de son grand-père.

GÉNÉRAL CHANZY

La France a fait coup sur coup deux grandes pertes. Elle a perdu son tribun et son général.

Nous ne connaissons personne dans l'histoire dont la parole ait eu sur les foules une puissance égale à celle de Gambetta ou qui ait déployé comme chef de parti une si prodigieuse activité. Mais Chanzy nous était si nécessaire ! Il nous rassurait tant ! Il était si plein de vie et d'avenir ! quinze jours avant sa mort, il était assis sur les bancs du Sénat, où tous les généraux se pressaient autour de lui. Quoiqu'il eût soixante ans il conservait l'aspect et les allures de la jeunesse. Tout en lui respirait la santé et la force. Sa parole même et jusqu'à son attitude, donnaient l'idée d'une force qui se possède. Il était cordial, bienveillant, affable sans être banal. Il savait que la France avait besoin de lui et il était prêt, pour la servir, à tous les dévouements et à tous les courages. C'était, dans la force du terme, un soldat. Quand il quitta l'ambassade de Saint-Pétersbourg, pour des motifs qui l'honorent profondément, et accepta le commandement d'un corps d'armée : « Je rentre chez moi », disait-il. L'armée et la France le pensaient aussi.

Il avait servi comme simple soldat dans la marine d'abord, dans l'armée de terre ensuite, avant d'entrer à Saint-Cyr. Il avait pris part comme officier subalterne à toutes nos guerres, en Afrique, en Italie, en Syrie. L'Afrique le reprit après ces expéditions lointaines, et ne le lâcha plus. On le connaissait alors comme un vaillant parmi les plus vaillants, et comme un chef de corps instruit et solide. Il se révéla comme général d'armée en 1871. Il se couvrit de gloire à Coulmiers. Mis à la tête de l'armée de la Loire après la retraite d'Aurelles de Paladines, il parvint, à force d'habileté et de volonté, à discipliner ces recrues inconnues les unes aux autres, mal armées, mal encadrées, à les aguerrir, à en obtenir des efforts qui auraient honoré de vieilles troupes. Il les mena plus d'une fois à la victoire, dans un temps où la victoire ne nous était plus connue. Quand il fut écrasé par la supériorité de l'ennemi, il conserva son sang-froid, son activité, son autorité, et fit une retraite offensive, souvent agressive, qui montra ses grandes qualités de tacticien et le fit estimer, par nos ennemis, qui en ont porté le témoignage, comme un homme de guerre de premier ordre.

On se disait au dehors : voilà le Général

de l'armée française, si jamais elle est obligée de reprendre campagne. C'est aussi ce que nous disions tous, et ce qu'on disait surtout dans les rangs de l'armée. Tous les généraux acceptaient avec empressement sa supériorité. Tous les soldats, en passant sous ses ordres, se sentaient assurés de ne pas être compromis dans des échauffourées, et de ne pas perdre l'occasion de risquer glorieusement et utilement leur vie. Ce n'était pas un de ces emportés, un de ces coureurs d'aventures ; c'était un **général**, un capitaine capable de tenir une **grande** armée dans sa main, de calculer avec maturité toutes les chances, d'organiser la victoire, et de la gagner, après l'avoir préparée, en payant de sa personne au premier rang des braves.

Il y avait, en lui, quelque chose de Bugeaud et quelque chose de Lamoricière. Les braves ne nous manquent pas ; ils ne nous manqueront jamais ; mais aucune armée en Europe ne pourrait perdre impu-

nément un capitaine de la valeur de
Chanzy.

Il avait été, plusieurs années, gouverneur
général de l'Algérie et très attaqué dans
son gouvernement par les hommes de parti
dont il dédaignait les intrigues. Il était de
la race de Bugeaud et se dévouait, comme
lui, à servir uniquement les intérêts de la
colonisation. On l'a injurié pendant son
administration et regretté après son départ,
parce qu'on a compris qu'il fallait une main
ferme pour contenir les Arabes et pour
ramener au dedans la paix et l'ordre. A
Saint-Pétersbourg, où ses allures ouvertes
et sa renommée militaire commandaient
l'affection et le respect, il gagna de pré-
cieuses sympathies à la République. Il y
avait vu de près les glorieux effets de la
propagande nihiliste, et quand notre Parlement, sous prétexte de venger les injures
des candidats dans les dernières élections,
menaça les idées religieuses en paraissant
d'abord ne combattre que les intrigues

cléricales, quand, surtout, on en vint à amnistier la Commune, et à rappeler en France les ennemis de tous les principes sociaux, Chanzy comprit que sa place n'était plus au dehors, et, sans éclat, sans forfanterie, il vint mettre son épée au service de la cause conservatrice et libérale.

Il avait accepté la République sans entraînement ; il lui resta constamment fidèle ; il l'aurait été jusqu'au bout, soit comme général, soit comme Président, car c'était le poste que beaucoup de politiques intelligents lui destinaient.

La nouvelle de sa mort a jeté la consternation parmi les officiers généraux et les hommes d'État présents à Paris. La population se rappelle qu'à ce nom du général Chanzy se rattachent nos derniers souvenirs de gloire et de consolation de 1871. Ce nom était alors sur toutes les lèvres et dans tous les cœurs, et nous disions tous, comme il le dit lui-même si noblement et

si simplement en quittant le commandement de l'armée de la Loire : S'il ne peut
pas sauver la patrie, il sauvera du moins
notre honneur !

JULES FERRY

Jules Ferry n'était encore qu'un avocat
stagiaire, et l'un des plus jeunes avocats,
quand il commença à fréquenter les réunions de la gauche. Il y prenait souvent
la parole. Les anciens trouvaient qu'il
manquait de sang-froid et qu'il n'était pas
toujours maître de son éloquence; mais
cette passion un peu débordante plaisait
aux jeunes, qui voyaient déjà en Ferry un
futur rival d'Ollivier et de Picard. Son
frère et lui vivaient en commun, dans une
étroite amitié qui a duré toute leur vie et

qui les honore profondément l'un et l'autre.
Jules Ferry commençait à se faire connaître au barreau; il était aussi rédacteur
du *Temps*. Il y publia les *Comptes fantastiques d'Haussmann*, qui eurent un succès
prodigieux.

Tout le jeune barreau et tous les étudiants le désignaient pour être député de la
Seine. Il y avait des droits superbes, puisqu'un article de lui avait valu 10.000 francs
d'amende à un journal de l'opposition.
Ferry fut élu, à la fin, après une campagne
laborieuse où il déploya une activité et un
talent admirables.

Il devint tout aussitôt un des chefs de
la gauche. Il n'eut pas seulement de grands
succès de tribune, il se rendit très utile
dans la direction du parti. On s'aperçut
bien vite que, malgré les emportements de
sa parole, il était doué d'un esprit pratique,
servi par des connaissances étendues en
droit, en législation, en finance.

Ce n'était pas alors une petite affaire

que la direction du parti. Ceux qui jugeraient l'opposition de ces dernières années
de l'Empire, uniquement par les discours
de tribune, la jugeraient mal. Elle tenait,
presque tous les soirs, des réunions qui
avaient lieu d'abord chez Marie et qui
furent ensuite transportées rue de la Sourdière. On y discutait toutes les lois importantes, on rédigeait les amendements, on
assignait à chacun son rôle. Ferry, qui
était pour le commandement, comme il l'a
montré plus tard, ne semblait être alors
qu'un auxiliaire utile. Mais son influence
grandissait de jour en jour. Elle était immense au dehors. J'eus l'occasion de m'en
convaincre dans un voyage que nous
fîmes ensemble à Villefranche et à Decaze-
ville, pour étudier sur place les tragiques
évènements de la grève.

On sait comment fut constitué le gouvernement de la Défense. Pour éviter les
compétitions, on le composa des députés
de la Seine, auxquels on adjoignit tout

aussitôt le général Trochu, gouverneur de
Paris. Ferry se trouva ainsi, à trente-huit
ans, membre du gouvernement de son
pays. C'est lui qui rédigea les proclama-
tions et les circulaires signées par tous les
membres du gouvernement. Le général
Trochu s'était pris d'admiration pour son
talent littéraire, et, chaque fois qu'il y
avait quelque chose à écrire, il disait :
« Ferry va nous faire une proclamation... »
On le chargea de la mairie de Paris. Paris,
c'était, pour le gouvernement assiégé, toute
la France.

Le rôle n'était pas facile à tenir. Il fallait
subvenir aux dépenses avec un trésor
épuisé, nourrir une population à laquelle
s'était jointe une grande partie des habi-
tants de la banlieue, incorporer les hommes
dans les bataillons de marche, leur ensei-
gner l'exercice, sauvegarder les intérêts fu-
turs du commerce, tout en surseoyant aux
échéances, subir les assauts journaliers
d'une presse déchaînée et des clubs, ré-

sister aux ordres et aux menaces de tous ceux, maires, adjoints, commandants de la garde nationale, qui auraient dû être les auxiliaires de l'autorité et qui ne cessaient de la combattre. Personne, dans cette lutte désespérée, ne montra plus de calme courage que Ferry. Du matin au soir, il était à sa besogne d'administrateur, prenant de sages mesures contre la famine, maintenant l'ordre matériel dans la rue, on ne sait par quels prodiges, assailli à chaque instant par des députations, montant sur sa chaise pour haranguer une députation, et s'y asseyant de nouveau pour continuer sa besogne, aussitôt que les manifestants étaient partis. Au 31 octobre, il fut, avec Picard, de ceux qui s'échappèrent de l'Hôtel de Ville pendant la journée, et bien en prit à ceux qui restaient, car ce fut Picard qui, à force de peines, rassembla la garde nationale, et ce fut Ferry qui, au péril de sa vie, la guida, par les passages souterrains, jusque dans la salle où les membres du gouvernement étaient tenus prisonniers. Toutes les fois qu'il se trouva en face de l'émeute, il montra le même sang-froid et la même intrépidité. On s'en souvint dans le parti de l'ordre, où l'on manque souvent de mémoire. On s'en souvint aussi dans le camp de l'émeute.

Il fut assez mal récompensé de ses services par le gouvernement de M. Thiers. Il accepta d'aller représenter la France à Athènes, ce qui n'était pas un grand poste diplomatique. Il suivit, à son retour, la fortune de Gambetta et s'acquit de la popularité comme ministre de ''instruction publique.

Gambetta mort, Ferry fut, pendant plusieurs années, un ministre presque tout-puissant. Il tenait la majorité par tous les liens : par son éloquence toujours prête, par son activité toujours présente, par la netteté de ses vues et la fermeté de son caractère. Il se signala, pendant cette période de sa vie, par deux actes considérables : la lutte contre la domination cléricale, que ses ennemis appelèrent une lutte contre la religion, et la politique coloniale.

Beaucoup de personnes pensent que sa politique contre le clergé fut contraire aux droits de la liberté et aux intérêts de la République. Ce n'est ni le lieu, ni le moment de discuter cette question. Le ministre était soutenu par la majorité ; ce n'est pas assez dire : il était porté et acclamé par elle. Il rencontra dans l'origine le même assentiment pour sa politique coloniale ; puis les objections se firent jour, les difficultés se multiplièrent ; il résista cependant et poursuivit son œuvre avec persévérance. Il avait cette qualité, qui constitue l'homme d'État et qui est bien rare en France, de savoir persévérer. Le génie de la politique est fait de lumière et d'entêtement. Un désastre, dont les conséquences furent exagérées par la malveillance, et dont sa politique n'était pas responsable, amena sa chute, chute imméritée et profonde. Autant on avait applaudi sa politique anti-cléricale, autant on condamna sa politique coloniale. Il tomba, en un clin d'œil, de la toute-puissance dans l'impopularité,

Je crois bien que la politique coloniale de Ferry n'a pas été irréprochable, qu'elle a été trop souvent guidée par les évènements et qu'elle n'a pas toujours été habile dans le choix de ses auxiliaires. Mais elle nous a donné Tunis, elle nous a permis de fonder un empire dans l'Extrême-Orient; elle a fourni à notre marine l'occasion de s'aguerrir et de s'illustrer, à notre armée le moyen de montrer, sur les champs de bataille, qu'elle n'avait rien perdu des qualités qui ont fait sa gloire.

Après une longue retraite, Ferry venait tout à coup de rentrer au premier rang de la politique par cette élection à la présidence du Sénat qui a été une surprise pour tout le monde.

Il sera jugé diversement, parce que c'est

le sort des hommes politiques ; personne ne niera son talent et son courage, son très grand talent et son très grand courage. C'était un homme. Ses ennemis eux-mêmes devront l'avouer. Et tous ceux qui aiment la France savent que c'est surtout d'hommes qu'elle a besoin. Elle en a écarté quelques-uns, à son grand dommage. Elle avait écarté Jules Ferry. La mort l'a frappé, en pleine maturité et en pleine sève intellectuelle, au moment où il venait de remporter la plus belle victoire dont puisse s'honorer un homme politique, puisqu'il venait de vaincre une injuste impopularité.

ERNEST PICARD

Nous avons la manie, en France, de donner des places à nos grands hommes ; il semble que nous soyons toujours au collège. Voilà un critique de premier ordre qui prétend que la France a eu, en ce siècle, trois grands orateurs politiques, et un quatrième, M. de Mun, qui est plus grand que les trois autres. Je pense qu'il n'a jamais entendu ni Jules Favre, ni Montalembert, ni Dufaure et qu'il les place au second rang, par instinct, sans y avoir réfléchi. Il oublie le général Foy, Guizot,

Lamartine, Thiers et quelques autres qui
ont eu aussi une grande popularité et des
succès éclatants. Ne pouvait-il se contenter
de dire que M. de Mun était un orateur de
premier ordre ?

Voici un homme, dont personne ne parle
depuis ces dernières années, et qui a été,
pour ses contemporains, un très grand
orateur et un très grand citoyen ; c'est
Ernest Picard. Il était, au Corps législatif,
dans le gouvernement de la Défense, à
l'Assemblée de Versailles, aux côtés de
Pelletan et de Dorian, qui ont chacun leur
statue. Je ne crois pas qu'il ait nulle part
son buste ou son médaillon, ni que la
ville de Paris ait inscrit son nom avec la
date de sa naissance sur la maison où il est
né. Je conviens que M. de Mun a plus
d'analogies avec Berryer et Montalembert
qu'avec Picard ; mais Picard n'en est pas
moins un grand, un très grand orateur. Je
le définirais volontiers ainsi : beaucoup de
bon sens armé d'infiniment d'esprit. Il

avait aussi une qualité qui est inappréciable
en politique : c'était un zèle infatigable.
Il était toujours prêt à monter à la tribune,
avec ou sans préparation.

J'ai connu des personnes qui avaient le
don d'improviser, mais qui ne voulaient
pas s'en servir, par respect pour leur auditoire et par mesure de précaution pour
elles-mêmes; d'autres qui amusaient l'auditoire par leurs brillantes improvisations,
mais sans l'éclairer, et qui tombaient ainsi
au rang des virtuoses. Ce n'était pas cela
pour Picard. Il improvisait souvent son
discours, c'est-à-dire qu'il parlait sans
préparation spéciale ; mais c'était, au fond,
un esprit réfléchi et cultivé. Il avait une
préparation générale qui le préservait du
malheur de parler pour ne rien dire.

Les membres de l'opposition tenaient de
fréquentes réunions, d'abord chez Marie,
et, plus tard, rue de la Sourdière ; là, on se
distribuait les questions et les rôles. Picard
ne refusait rien, ne réclamait rien. Désigné

ou non, il savait bien qu'il prendrait dans la discussion la part la plus brillante. Il était rare que l'adversaire ne lui donnât pas l'occasion d'intervenir. Il le faisait d'une façon plaisante à la fois et cruelle. Ses discours n'étaient guère qu'une interruption prolongée ; il semblait plaisanter, et il déchirait. On comprend parfaitement, en étudiant l'histoire des Cinq, que Jules Favre, Ollivier et Picard aient tenu si longtemps en échec le gouvernement et les trois cents membres de la majorité. Ces trois grands talents se donnaient, par leurs contrastes, une puissance presque irrésistible.

Picard avait de nombreux ennemis parmi ses amis. C'est qu'il ne pouvait pas retenir un sarcasme, quand ce sarcasme était joli. Un jour qu'un de ses collègues, nouveau venu, avait parlé avec émotion des habitations ouvrières ou de quelque autre sujet sentimental, on vit Picard s'éventer avec un journal, en disant assez haut : « On étouffe ici... de vertu. » La majorité applaudissait, et le pauvre discours s'écroulait. Il n'y avait que Jules Favre qui fût sacré pour lui. Il lui obéissait comme à un maître et à un père.

Les grandes fatigues du siège vinrent à bout de ses forces physiques, mais non de son courage, qui fut entier jusqu'à la fin comme sa clairvoyance politique et son talent de grand orateur. S'il y en a un, avec Jules Favre, que les républicains n'ont pas le droit d'oublier, c'est celui-là.

EUGÈNE PELLETAN

Parmi les statues, il y en a une qui a été entourée, le jour de son inauguration, de tous les hommages officiels. C'est la statue d'Eugène Pelletan.

Un ministre est allé, tout exprès, à Royan. On a fait venir de Lorient deux compagnies d'infanterie de marine pour rendre les honneurs. Le préfet était là, les maires, des sénateurs et des députés. On a prononcé des discours éloquents. Celui du ministre, M. Bourgeois, est parfait.

Le sujet prêtait à l'éloquence. Comme

homme politique, Pelletan a toujours appartenu au même parti, le parti républicain, et, parmi les républicains, il a toujours été de ceux qui croient au progrès et qui le demandent à la liberté. Quand son parti était opprimé, sous la Restauration et sous l'Empire, il le défendait avec courage. Braver une condamnation, c'est une autre sorte de courage que de braver les balles. Pelletan a passé sa vie à braver ou à subir des condamnations, et, quand il a fallu marcher à l'ennemi, il a su montrer qu'une balle ne lui faisait pas peur.

Il s'est montré aussi désintéressé que brave. Il avait été un des plus actifs dans l'opposition ; il n'a pris aucune part dans la curée. Il n'avait laissé passer personne devant lui quand il fallait se battre ; il a laissé passer tout le monde quand il y a eu des places à prendre.

Il n'a fait que de durs métiers : celui de journaliste, par lequel il a commencé ; celui de député de l'opposition, sous l'empire. On peut croire, sur ma parole, que ce n'était pas une sinécure. Il s'est trouvé porté au pouvoir en 1870, comme la plupart de ses collègues, sans y avoir seulement pensé une heure auparavant. Le pays est injuste pour les membres de la Défense nationale. Il n'a d'yeux que pour Gambetta, qui avait le grand rôle en province, et qui le remplissait avec éclat. Le gouvernement de Paris avait à lutter à la fois contre les anarchistes parisiens et contre l'ennemi du dehors. On ne lui sait gré ni d'avoir soutenu, au dehors, la lutte contre une armée victorieuse, ni d'avoir résisté, au dedans, avec fermeté et loyauté, aux incessants assauts des rêveurs, des ambitieux et des affamés. Je regrette que l'histoire du siège n'ait pas été écrite par Pelletan. Il aurait fait un grand et noble livre. Peut-être aurions-nous regretté ses anciens défauts, le Pelletan d'avant 1870, jeune, ardent, généreux, passionné, quelque peu visionnaire, mais d'une sincérité si évidente et d'une conviction si profonde qu'on lui passait ses exagérations et que même on les aimait.

Il a laissé des livres dont quelques-uns ne sont que des recueils d'articles un peu hâtifs ; d'autres sont de vrais chefs-d'œuvre ; par exemple, l'histoire du pasteur Jarousseau, son grand-père maternel. L'Académie avait couronné cet ouvrage, et quelques amis de l'auteur pensèrent qu'elle aurait pu aller plus loin ; mais il n'y a rien de plus singulier que le rôle de la politique à l'Académie ; tantôt elle empêcherait un homme de génie de passer, et, le moment d'après, elle fait entrer une bête. « C'est drôle, disait un jour un académicien qui a de l'esprit, si l'on votait sur moi aujourd'hui, tous ceux qui ont voté pour moi voteraient contre, et tous ceux qui ont voté contre voteraient pour. Cependant je n'ai pas changé, ni l'Académie non plus. C'est le vent qui a tourné. »

M. Bourgeois, dans son éloquent dis-

cours, a rendu justice au journaliste. Je le
crois bien! Pelletan peut avoir des égaux
dans le livre ou à la tribune ; c'est à peine
s'il en a dans l'article de journal qui, pour
un écrivain de cette trempe, est à la fois
un acte politique et un objet d'art. Tantôt
il était aimable, bienveillant, souriant ; tout
à coup l'indignation le prenait et il devenait
implacable. Puis il avait des envolées superbes vers l'idéal. Il ne lui manquait
qu'un peu de science ; il avait le temps de
penser, il n'avait pas le temps de chercher.
Que sont devenus ces petits chefs-d'œuvre
si émouvants, si puissants et si charmants?
Il en faisait des in-8° quand il avait besoin,
suivant son expression, de sauver le quart
d'heure ; mais il y a autant de différence
entre l'article et le chapitre qu'entre le
discours improvisé et le discours lu. Quand
il commença, il y a quarante-cinq ans, par
des articles non signés, on s'efforça de tous
côtés d'en deviner l'auteur. Quelques-uns
dirent : « C'est Lamartine ! »

Ulbach racontait qu'une dame russe, qui avait fait de Lamartine son idole, lui écrivit : « J'ai fait mettre sous votre buste, en lettres d'or, ces vers :

> Combien j'ai douce souvenance
> Du beau pays de mon enfance... »

Lamartine lut tout le couplet : « Ce sont les plus beaux vers que vous ayez fàits », disait la dame.

« Elle a peut-être raison », dit Lamartine, qui en a fait des milliers de plus beaux et qui oubliait que ceux-là ne sont pas de lui.

Parmi les articles de Pelletan qu'on a attribués à Lamartine, il y en a plus d'un dont l'illustre poète aurait eu raison de s'enorgueillir. Pelletan les jetait à profusion, sans même les signer.

CHATEAUBRIAND

Chateaubriand aura été grand dans la vie et dans la mort. La gloire l'a pris sous son aile quand il n'avait encore que vingt-cinq ans et elle lui est fidèle depuis un siècle. Même pour lui, néanmoins, elle a eu des défaillances.

Notez bien que je ne vais pas, après tant d'autres, écrire une notice sur Chateaubriand. Tout le monde connaît sa vie ; presque tout le monde a lu ses écrits ; on a lu aussi les panégyriques et les critiques amères dont il a été l'objet. Comme

Sainte-Beuve a souvent et longuement
parlé de lui, on peut dire, malgré l'enthousiasme du peintre, que le jugement défi-
nitif a été porté par Bouillet dont le dic-
tionnaire dit que Chateaubriand est, sans
contredit, le premier écrivain du siècle. Ce
n'est pas un juge éclatant, mais c'est un écho
fidèle. Pendant la première moitié du dix-
neuvième siècle, tout le monde, en France,
a donné la première place à Chateaubriand.

Tous les hommes de valeur se préoc-
cupent de l'avenir de leur nom ; personne
ne s'en est jamais préoccupé au même degré que Chateaubriand.

Quand il se reposa des agitations de la
vie, les soucis d'outre-tombe remplacèrent
pour lui les compétitions avec les vivants.
Il choisit la place et le modèle de son
tombeau, qu'il voulut mettre en face de
l'Océan. Il écrivit ses *Mémoires*. Il les
appela *Mémoires d'Outre-tombe* pour leur
donner, par l'éloignement, plus de majesté.
Peut-être voulut-il aussi se donner plus de

liberté ; et cependant, à cette époque de sa vie, il se sentait le droit, et il avait le courage, de parler librement à ses contemporains.

A peine ces *Mémoires d'Outre-tombe* furent-ils commencés, qu'ils remplirent de leur bruit les salons et les journaux. « Voici, disait-on, comment ils sont écrits et comment ils sont conçus. » S'il ouvrait la bouche pour exprimer un jugement, on disait, en se signant : « C'est une page de ses *Mémoires.* » Car il faut savoir que cet homme était un prophète et qu'il était, dans son entourage, l'objet d'un culte. Ses adorateurs lui disaient : « Laissez-nous jeter les yeux sur le Livre ! » Le retard lui pesait plus qu'à eux ; il préférait la gloire présente à la gloire différée ; quelque habitué qu'il fût à entendre son panégyrique, il pensait que le vrai panégyrique est celui dont on se charge soi-même. Les instances de madame Récamier, les supplications de sa cour et les impulsions secrètes de son propre cœur

l'emportèrent sur la première résolution ;
et le jour fut pris pour une lecture.

Le salon de Mme Récamier, où c'était
une gloire d'être admis, ne fut ouvert ce
jour-là qu'à une élite triée dans l'élite.
Jules Janin n'avait pu parvenir à en être.
Sainte-Beuve en était, et des premiers. Il
en triomphe dans son compte rendu. Celui
de Jules Janin avait paru le premier. « Je
n'ai sur lui d'autre supériorité, disait Sainte-
Beuve, que d'avoir été là. » Ayant à raconter cet évènement qu'il appelle « une de
ces vives jouissances d'imagination et de
cœur qui suffisent à embellir et à mar-
quer, comme d'une fête singulière, toute
une année de la vie », il parle avec une
emphase et déploie une pompe qui ne lui
sont pas ordinaires. Le grand poète ne
lisait pas lui-même. « On suivait sur ses
vastes traits les reflets de la lecture comme
l'ombre voyageuse des nuages aux cimes
d'une forêt. Celui qui fut tour à tour René,
Chactas, Aben Hamet, Eudore, l'Homère du

jeune siècle, il était là, écoutant les erreurs
de son Odyssée. Les plis de ce front de
vieux nocher, la gravité de la tête du lion,
l'amplitude des tempes triomphales ou rêveuses, ressortaient mieux dans l'immobi-
lité... »

C'est de ce ton que tous les critiques
parlaient de Chateaubriand à cette date. Il est
surtout à noter dans Sainte-Beuve, qui est,
en général, plein de finesse et de mesure,
et dont l'enthousiasme même est ordinairement très réfléchi. Il compare Chateaubriand aux plus grands génies pour lui
donner la supériorité. « Après le dix-hui-
tième siècle, qui est, en général, sec, analy-
tique, incolore (Sainte-Beuve parle ainsi du
siècle de Voltaire, de Rousseau, de Bernardin de Saint-Pierre, de Montesquieu,
de Diderot, de Buffon), après Jean-Jacques,
qui fait une glorieuse exception, mais qui
manque souvent d'un certain velouté et
d'épanouissement ; après Bernardin de
Saint-Pierre, qui a bien de la mollesse,

mais de la monotonie dans la couleur,
M. de Chateaubriand est venu, remontant
à la phrase sévère, à la forme cadencée du
pur Louis XIV, et y versant les richesses
d'un monde nouveau, les études du monde
antique. Il y a du Sophocle et du Bossuet
dans son innovation, en même temps que
le génie vierge du Meschacebé. Chactas a
lu Job et a visité le grand roi. On a com-
paré heureusement ce style aux blanches
colonnes de Palmyre... » Pour achever
cette apothéose et pour que toutes les
gloires anciennes et modernes contribuent
à l'éloge de Chateaubriand, Sainte-Beuve
nous déclare que l'auteur du *Génie du
Christianisme* est « le seul dont la parole
ne pâlissait pas dans l'éclair d'Austerlitz. »

Nous avons eu, dans cette dernière
partie du siècle, une autre grande idole à
laquelle les hyperboles en prose et en vers
ont été prodiguées. On s'est étonné quelquefois de la fécondité et de la hardiesse
des admirateurs; mais, ici, c'est Sainte-

Beuve qui tient la plume; Sainte-Beuve dont les jugements passaient pour l'expression même de la vérité. C'est lui qui, parlant du père de Chateaubriand et de ses oncles, après avoir fait leur éloge, ajoute « qu'il y a toujours quelques ébauches naturelles préexistant aux apparitions sacrées. »

C'est en 1835 que j'ai vu Chateaubriand pour la première fois. Je n'ai jamais fait que l'apercevoir. Je me rappelle son aspect si complètement que, si j'étais peintre, je crois que je ferais de lui un portrait ressemblant seulement avec mes souvenirs. J'avais pour lui une telle admiration que sa figure, ses vêtements, ses moindres gestes, restaient gravés dans ma mémoire et hantaient constamment mon imagination. J'avais lu le *Génie du christianisme*, étant encore enfant ; je l'avais relu pendant que j'étais en rhéthorique, pensant que je ne pouvais mieux m'y prendre pour étudier la langue française. Je dévorai aussi les *Martyrs* ; j'en savais des passages par cœur, et de *l'Iti-néraire de Paris à Jérusalem* ; aujourd'hui même, je pourrais les réciter. En me reportant à cette époque lointaine, je retrouve toute mon admiration. Elle était partagée, en 1835, par tous mes camarades, et par nos maîtres. Quand on voulait parler des grands esprits du siècle, et la liste en était nombreuse, c'est toujours par Chateaubriand qu'on commençait. On se battait pour Victor Hugo, mais devant Chateaubriand on s'agenouillait.

La jeunesse des écoles, telle que je la revois par la pensée, était, en politique, d'une grande impartialité. Son cœur était avec les républicains et les démocrates, mais elle tenait compte, par-dessus tout, du génie. Nous ne savions pas si Victor Hugo était encore légitimiste, ou s'il était déjà conquis à la royauté constitutionnelle. Lamartine était à nos yeux le poète du *Sacre*, du *Crucifix*. Nous admirions leurs œuvres, nous approuvions leur conduite, sans descendre dans les détails, parce que d'aussi grands génies avaient de nobles raisons, même quand ils s'égaraient. Nous savions que Chateaubriand avait été un *ultra*, c'est-à-dire un royaliste plus royaliste que le roi ; il était devenu, après ses démêlés avec M. de Villèle, un grand libéral ; libéral, mais légitimiste. Tout cela nous convenait ; le libéral, parce que c'était le fond de notre cœur ; le légitimiste, parce que cette opinion convenait à un chevalier, tel qu'était Chateaubriand. Il avait renoncé à sa carrière quand l'empereur avait tué le duc d'Enghien ; il avait, toute sa vie, défendu la liberté de la presse. Quoique à demi opposant, en sa qualité de libéral, dans les derniers temps de la Restauration, il avait quitté la Chambre des pairs pour ne pas prêter serment à Louis-Philippe. Nous l'aurions aimé pour cette conduite, quand même nous ne l'aurions pas adoré pour ses chefs-d'œuvre. Comme il était, littérairement, une de nos idoles, il était, en politique, un de nos héros. Béranger lui avait adressé des vers qu'on répétait dans les écoles avec émotion :

> Chateaubriand, pourquoi fuir ta patrie,
> Fuir son encens, notre amour et nos soins ?
> N'entends-tu pas la France qui s'écrie :
> Mon beau ciel compte une étoile de moins !

Je ne saurais dire exactement à quelle date on commença à moins s'occuper de lui. Quand il avait été poursuivi, en 1832, comme légitimiste, cette poursuite, qui aboutit à un acquittement, avait augmenté sa popularité. Pourtant la cause qu'il servait était de plus en plus abandonnée. Elle était restée poétique après sa défaite. Mais ni ses chances, ni sa poésie, ne survécurent à la triste aventure de Mme de Berry.

La France se détourna des paladins. Elle les prit en pitié, puis en dérision. Les grands hommes du parti en souffrirent peut-être sans qu'on s'en rendît compte. Le grand mouvement littéraire du romantisme avait rempli toutes les imaginations. Chateaubriand était l'ancêtre du romantisme, il n'en était pas le père. Des renommées plus jeunes passionnaient le public. Il régnait toujours, mais il ne gouvernait plus.

Le petit cénacle de l'abbaye ne paraissait plus à personne un sanctuaire. Mme Récamier avait été la plus belle des belles sous le directoire. Ampère, à côté d'elle, paraissait un peu ridicule. L'adoration de Chateaubriand avait été d'abord admirée. On l'avait ensuite trouvée légèrement exagérée. Dans une troisième phase, on n'en parla plus qu'en souriant. Chateaubriand ne produisait plus, tandis que tous les hommes de génie étaient sur la brèche.

Les âmes rêveuses, éprises des beautés du catholicisme, appartenaient à Lamartine. Chateaubriand n'avait pas seulement perdu ses emplois, il avait perdu toute sa fortune ; il souffrait de cette situation, il le disait. Le public ne veut pas qu'on se plaigne. Il n'aime pas les infortunes vulgaires. Le besoin d'argent, trop visible chez un homme de génie, détruit ou diminue son prestige. On commençait à faire des récits sur l'orgueil de Chateaubriand, et sur les procédés qu'il employait pour vivre aux dépens de ses admirateurs. L'admiration subsistait malgré tout. C'était comme un vase sacré, qu'on adore toujours, quoiqu'il soit devenu familier, et quoiqu'on n'hésite plus à s'en servir. Nul, en scrutant son propre cœur, n'aurait pu dire depuis quand il n'était plus en respect devant le poète. Même la plupart se seraient récriés si on leur avait dit que le respect n'existait plus. Cependant rien n'était plus certain. Le jour disparaît de la même façon ; on était en plein soleil ; on est dans le crépuscule ; mais le passage de la lumière à l'ombre a été presque insensible. On voit que le jour a disparu sans l'avoir vu disparaître.

LA MENNAIS

La vie de La Mennais s'est passée dans les orages, et son âme a été encore plus orageuse que sa destinée. Il est né en 1782, d'une famille bretonne de bonne bourgeoisie. Son enfance s'est écoulée à la Chesnaye, une terre de sa famille, près de Dinan. Le côté principal de la Révolution, en Bretagne, était la persécution religieuse. La Mennais la vit de près, parce que sa famille donnait asile à des prêtres insermentés. Ses premières impressions implantèrent fortement dans son esprit

une foi ardente, le besoin de l'unité dans
le gouvernement des esprits et des volon-
tés, et la haine de l'oppression. Il vint à
Paris, pour la première fois, sous le Directoire. Il trouva là l'excès du luxe et de la
dissipation qui ne fit que lui rendre plus
chère l'austère solitude de la Chesnaye.
L'état de la France lui devenant de plus en
plus antipathique, il s'enfuit à Londres, où
il connut l'abbé Caron dont les conseils
contribuèrent à lui faire embrasser la carrière sacerdotale. Son frère aîné était
prêtre. Il se fit prêtre à son tour, non
sans déchirement ; mais il ne voyait
aucun autre moyen d'exercer son activité,
et la préoccupation des questions religieuses effaçait, pour lui, toutes les autres.

Il fut d'abord le collaborateur de son
frère, qui était un esprit distingué et un
grand cœur. Ils fondèrent à Malestroit,
petite ville du Morbihan, une école des
hautes études qui n'eut pas de vitalité ;
mais on doit à l'aîné des frères la fonda-

tion d'un institut dont le but, sinon l'esprit,
est analogue à celui des disciples de La
Salle, et qu'on désigne généralement sous
le nom de Frères de La Mennais. Le futur
écrivain n'était pas homme à s'enterrer
dans les œuvres; il était fait pour remuer
des idées. Je néglige quelques articles de
lui qui firent un certain bruit, principale-
ment dans le clergé.

Son coup d'éclat fut la publication du
premier volume de l'*Essai sur l'indifférence en matière de religion*. Ce livre le
plaça du premier coup au rang des plus
grands écrivains. La pensée, dans ce livre,
a plus d'élévation que de profondeur; le
style est d'une puissance incomparable. Ce
qui frappe le plus, c'est l'intensité de la
passion. L'âme de La Mennais est, en effet,
une âme passionnée qui grandit tout ce
qu'elle touche, et est perpétuellement con-
sumée par le feu de l'amour et de la haine.
Il compléta, par la publication des volumes
suivants de son œuvre et par divers arti-

cles et brochures, l'exposition de sa doctrine. En philosophie, il combattait l'individualisme de Descartes, et le remplaçait par le consentement universel, par l'autorité de la tradition et de l'accession ; en politique, il ne reconnaissait que deux forces : Dieu et la liberté ; Dieu représenté par le Pape, son vicaire ; la liberté, résultat et manifestation du suffrage universel. Cette politique était l'ultramontanisme joint à des tendances ultra-démocratiques ; et la doctrine philosophique de la tradition et du témoignage en était à la fois le principe et l'application.

La Mennais développa sa philosophie dans un grand ouvrage intitulé : *Esquisse d'une philosophie* qui parut en 1841. Ce livre, sur lequel ses amis et lui-même fondaient de grandes espérances, n'eut qu'un succès relatif. Le clergé, dont une grande partie l'avait suivi avec enthousiasme à ses premiers pas, le tenait alors pour suspect, et même pour ennemi ; le livre, quoique écrit dans la langue la plus magnifique, n'avait pas assez de nouveauté pour former des disciples. J'en rendis compte dans la *Revue des deux Mondes* avec de longs développements. Je ne changerais rien aujourd'hui à la sévérité de mes conclusions, tout en reconnaissant que de grands côtés de l'œuvre m'avaient échappé. Je débutais alors par la critique, suivant une coutume très générale, quoiqu'on ne soit capable de bien critiquer que quand on a beaucoup pensé.

Je ne regarde pas, même aujourd'hui, l'*Esquisse d'une philosophie* comme une des grandes époques de la vie de La Mennais. Sa doctrine sur le témoignage avait eu, quelques années auparavant, d'assez nombreux disciples dans le jeune clergé; mais son influence n'a jamais été là; elle a été surtout dans sa lutte pour les doctrines ultramontaines. Il faut diviser sa vie militante en deux parts. Dans la première, il publie le journal l'*Avenir* et fonde le parti ultramontain en France; dans la seconde, condamné par Rome, et livré à la libre pensée, tout en conservant ses doctrines spiritualistes, il devient le défenseur ardent de la démocratie et de toutes les causes vaincues. Le second La Mennais, le démocrate, est déjà tout entier dans le premier. Il défendait le Pape et le Roi avec les idées, par les arguments qu'il employa plus tard à défendre et à glorifier le peuple; c'est le même homme et presque la même pensée dans deux rôles contradictoires. On a pu dire de ce défenseur de la suprématie papale, mort dans l'impénitence religieuse, qu'il n'avait jamais changé.

Il a exprimé, avec une clarté parfaite, les vues politiques qui l'ont poussé à fonder l'*Avenir :* « Après trente années de convulsions, de guerres civiles et étrangères, de gloire au dehors et de larmes au dedans, d'anarchie et de despotisme, tout-à-coup on vit apparaître comme l'ombre de l'an-

cienne royauté, et tous les yeux se fixèrent
sur elle, et l'on crut que l'ordre allait
renaître et que le repos de l'avenir était
assuré désormais ; car elle apportait des
rapports de paix et de conciliation. Une
éternelle alliance, c'est ainsi qu'on parlait,
fut conclue entre le passé et le présent ;
et des décombres énormes de je ne sais
combien de gouvernements écroulés, s'é-
leva un édifice nouveau, espèce de temple
construit à la hâte, dans lequel les partis,
abjurant leurs vieilles haines, devaient
s'unir et s'embrasser. Tout cela se passait
hier, et aujourd'hui on chercherait, en
vain, quelques traces de ce qu'on croyait
affermi pour jamais : le temps roule ses
flots sur ces vastes ruines. »

Il exprimait ensuite ses revendications,
au nombre de six.

« Nous demandons d'abord la totale séparation de l'Église et de l'État. » C'était, pour
lui, la question principale à débattre. Quant
à l'absolue autorité du Pape sur l'Église, il

ne la discutait même pas; c'était un dogme.
Lorsqu'il se sépara de Rome et de ses amis,
car il ne fut pas suivi dans sa chute, ses
disciples restèrent fidèles à la doctrine de
la séparation de l'Église et de l'État. Et ces
disciples, qui sont-ils? Montalembert, Lacordaire, Gerbet. Il n'y a pas un membre
de cette glorieuse pléiade que je n'aie personnellement connu.

« Nous demandons, en second lieu, la
liberté d'enseignement. »

On sait que Montalembert ouvrit une
école libre, tout exprès pour se faire condamner, et qu'il fut jugé par la Chambre
des Pairs, dont il faisait partie. Ce fut un
des grands événements des premières
années du règne de Louis-Philippe.

«Nous demandons, en troisième lieu, la
liberté de la presse. »

La Mennais publiait un autre journal
quand la loi du timbre fut rétablie. « Le
droit de parler, dit-il, devient le privilège
des riches. Nous ne l'achèterons pas. Ce

numéro est le dernier que nous publierons.
Silence aux pauvres! »

« Nous demandons, en quatrième lieu,
la liberté d'association ; — en cinquième
lieu, qu'on développe et qu'on étende le
principe d'élection de manière à ce qu'il
descende jusque dans le sein des masses. »

Je me souviens, à propos de ce cinquième
vœu, que je fus chargé, vers cette époque,
précisément par quelques amis de la cir-
conscription de Loudéac, de proposer à La
Mennais la candidature. « Vous êtes demandé, lui dis-je, ce qui est la seule manière digne de vous d'entrer dans la vie
politique. » Il me répondit une lettre qui
a été publiée et qui contenait ce passage :
« Vous avez bien jugé mes sentiments. Si
les suffrages de mes concitoyens, non sol-
licités par moi, m'appelaient à la députation, je serais fier de l'accepter. Mais il
n'y faut pas penser seulement. Je ne suis
pas même électeur. »

Enfin la sixième et dernière revendication de l'*Avenir* était « l'abolition du système funeste de la centralisation, déplorable et honteux débris du despotisme impérial. »

Il n'échappera à personne que ce programme en six articles a été celui de l'opposition de gauche qui le défendait encore sur les bancs de l'Assemblée nationale en 1848 et jusque dans le Corps législatif de l'Empire. Le journal de La Mennais, tout clérical et ultramontain qu'il était, défendait si évidemment la liberté, et avec un tel éclat, que les libéraux se demandaient s'ils étaient ses adversaires ou ses disciples.

La Mennais et ses amis étaient en lutte avec le gouvernement. La Restauration le poursuivit plusieurs fois ; il fut même une fois condamné, mais très légèrement. Sous Louis-Philippe, on alla plus loin. On le condamna à un an de prison. Il voulut subir sa peine, il la subit dans toute son étendue. Ces luttes avec le pouvoir civil ne l'effrayaient ni ne l'attristaient. Il y

puisait un élément de force. Ce qui le
troubla profondément, ce fut le silence
d'abord, puis le mécontentement, et enfin
la condamnation du Pape. Un ultramontain condamné par le Pape était, pour les
libéraux, un spectacle curieux ; c'était aussi
une espérance. Il faut lire l'histoire de ces
démêlés, qui durèrent longtemps, dans
l'article que la *Biographie universelle* de
Michaud a consacré à La Mennais. Cet article est de M. E. Renan. On peut lire aussi
le livre doux et ferme, plein de philosophie et d'érudition, que La Mennais a publié sous ce titre : *Affaires de Rome*. Il
apparut, pendant quelques années d'abord,
comme le chef tout-puissant de la partie la
plus ardente du clergé français ; ensuite
comme un ancien ami de la papauté,
obligé de lutter contre la cabale des Jésuites et les intrigues du Vatican ; et enfin,
comme un lutteur définitivement condamné
par l'autorité dont il a lui-même proclamé
et défendu l'infaillibilité.

Il se soumit, d'abord avec quelques restrictions, puis, sans restrictions. Mais, dès sa première publication qui était purement politique, le Pape redoubla ses reproches avec une telle amertume, que La Mennais prit enfin le grand parti d'une scission. Il dépouilla la robe de prêtre, et des deux maîtres qu'il avait servis, le Pape et le peuple, il ne reconnut plus que le peuple.

Ce fut une révolution qui agita profondément les esprits. Les hommes d'État, je parle de ceux pour qui les phénomènes de l'ordre spirituel n'existent pas, donnèrent pourtant quelque attention à celui-ci. Les catholiques, et surtout les membres du clergé, furent remués profondément. Les écoliers de Paris se divisèrent ; mais on était unanime dans le quartier Latin pour respecter et admirer le vaincu.

La sensation fut grande hors de France.

La Mennais jouissait alors d'une immense popularité. Rien ne le prouve mieux que l'histoire des *Paroles d'un croyant*. D'autres livres ont eu un aussi grand succès. Mais celui-ci, écrit en 1833, était un livre catholique. Il commençait par ces mots :

« Au nom du Père et du Fils et du Saint-Esprit. Amen.

« Gloire à Dieu dans les hauteurs des cieux, et paix sur la terre aux hommes de bonne volonté... » Tout le livre (il n'a que quelques pages) est plein de catholicisme. Il fut porté aux nues par la jeunesse libérale et par les gens du monde. Le Pape s'y effaçait déjà devant le peuple.

« Qui est-ce qui se pressait autour du Christ pour entendre sa parole? Le peuple.

« Qui est-ce qui le suivait dans la montagne et les lieux déserts pour écouter ses enseignements? Le peuple.

« Qui étendait ses vêtements et jetait devant lui des palmes en criant : « Hosannah! » lors de son entrée à Jérusalem? Le peuple. »

Le partage de la Pologne était dénoncé à l'indignation universelle. On lisait cela, on approuvait cela, même dans les régions de la société qui confinaient à la cour. Mais les rois commençaient à s'indigner, et les politiques du Vatican disaient au Pape : « Prenez garde ! »

Quand la scission fut consommée, quelques années après, la pensée publique avait peine à se détacher de La Mennais. On disait : « Que fait-il? » Et bientôt : « Que va-t-il écrire? » On commentait les lettres de Montalembert, de Gerbet, de. Lacordaire. C'étaient des hommes. Le plus grand de tous par le génie, c'était La Mennais.

La révolution de février apportait la réalisation d'une grande partie de ses aspirations. Il ne fut pas porté sur la liste socialiste. C'est qu'en devenant indépendant, en luttant pour le peuple et la démocratie, il avait cependant gardé les idées mystiques d'un chrétien. Il fut élu député de la Seine, dans la foule pour ainsi dire, et sans être le candidat d'aucun parti. On le vit monter à l'extrémité des bancs de la gauche. Nous étions à l'aise dans le centre. Bien des places restaient libres. Mais il n'en était pas de même à gauche et surtout à l'extrême gauche : on y avait afflué. Les républicains purs, comme Guinard, et plus tard Ledru-Rollin quand il ne fut plus ministre; les socialistes comme Proudhon, Pierre Leroux, y avaient élu domicile. Lacordaire, qui ne resta que quinze jours, siégea sur la Montagne. Le prince Louis, en personne, s'était campé là avec son fidèle M. Vieillard qui ne le quittait jamais.

La Mennais s'y trouvait serré de tous les côtés; et, chose remarquable, il y était seul. On avait le sentiment, en le voyant au milieu de cette foule, qu'il était seul. Quand il se rendait à son banc, on s'écartait avec respect, on s'inclinait; il montait, sans prendre garde à personne. Assis, il ne saluait aucun de ses voisins; il est possible qu'il ne sût pas leurs noms, il n'avait

jamais la pensée de leur adresser la parole ; ils n'osaient lui parler. Il prenait dans
son tiroir une lourde jumelle, et ne cessait
de regarder tantôt les tribunes, tantôt ses
collègues. Il restait ainsi des heures en-
tières.

On comprenait, en le regardant, que
personne ne lui adresserait la parole et que,
si on lui parlait, il ne répondrait que par nécessité. Il y avait sur lui comme une sorte
de majesté sombre qui l'ôtait de la communion des autres hommes.

Quand l'orateur valait la peine d'être
écouté, il écoutait, et le regardait avec sa
jumelle. Il ne donnait aucun signe d'approbation ou de désapprobation. Il y avait là
beaucoup d'hommes qu'il connaissait et
même des grands hommes : Lamartine,
Victor Hugo, des évêques, des philosophes,
des prêtres, des compagnons de captivité.
On eut dit qu'il ne les avait jamais vus, et
qu'il ne savait pas leurs noms. La séance
finie, il remettait sa lorgnette dans son

étui, et sortait, comme il était entré, silen-
cieux et impassible.

Cet isolé, envoyé là par le suffrage universel, presque sans l'avoir demandé, élu
comme Jacobin et libre-penseur, quoiqu'il ne fût au fond ni l'un ni l'autre,
avait été légitimiste, catholique, prêtre,
prêtre ultramontain et chef du parti ultramontain, plus catholique que l'église catholique et plus papalin que le pape.

Il avait commencé par faire trembler
les incrédules qu'il appelait les indiffé-
rents et puis il avait fait trembler les
croyants par sa façon de les défendre.

Un jour il s'était trouvé seul dans
l'Église où son orthodoxie poussée jusqu'à
l'extrême logique effrayait tout le monde,
et le pape lui-même ; et, dès le lendemain,
sans transition, ne pouvant mener l'Église
où il voulait, il s'était tourné contre elle.

Ce n'était pas l'ancien combat avec les
ennemis qu'elle a toujours eus, mais une
nouvelle forme de combat avec un ennemi

sorti de son sein comme les hérésiarques, et qui, à la différence des autres hérésiarques, allait, comme d'un bond, au bout de sa négation et de toutes les négations.

Ce défenseur fougueux de l'Église universelle, infaillible, transformé en adversaire de l'Église, ne laissait plus rien debout et ne s'arrêtait que devant Dieu.

C'était un politique autant qu'un théologien ; on sait à quel point les querelles religieuses sont voisines des querelles politiques. Personne n'avait contribué plus que La Mennais à les fondre ensemble.

On ne savait pas, en lisant ses premiers écrits, si on avait affaire à un prêtre fanatique ou à un tribun.

Défroqué et prétendant ne plus être que tribun, il restait prêtre. Il l'était jusqu'au fond de l'âme même quand il attaquait la religion qu'il avait tant défendue et tant imposée.

Nos jacobins de 1848 n'étaient pas de l'école d'Hébert. Ils s'arrêtaient à celui qu'ils appelaient ordinairement Maximilien, pour ne pas lui donner son vrai nom. Les modérés relisaient le *Vicaire savoyard*, et rêvaient de recommencer Lanjuinais et Camus. Nous pensions que La Mennais entrerait en lutte, d'une part avec Montalembert et les évêques, de l'autre avec les partisans de l'église constitutionnelle.

Ce grand écrivain n'avait pas le don de la parole. Son style écrit était oratoire. Il avait l'imagination, le feu, la dialectique. Que lui manquait-il ? Le sang-froid. Ne pouvant être ni Mirabeau, ni même Danton, il rêva certainement le rôle de Siëyès.

Il fit savoir qu'il désirait être de la commission de constitution ; il fut nommé. Il assista à toutes les séances, sans prononcer un mot. Les amendements se succédaient. Il assistait impassible à ce défilé. Ses collègues de la commission ne connaissaient pas le son de sa voix. A une réunion et sans que rien eût pu faire prévoir son dessein, il apporta une constitution complète qui ne

tenait compte ni des idées, ni des passions,
ni des intérêts de la nouvelle génération.
On parla, par politesse, de la discuter.
Cette idée le blessa. Il fit entendre qu'il
fallait l'accepter telle qu'elle était, ou la re-
pousser. Devant cette mise en demeure, on
la repoussa. Il ne dit rien, mais se détourna
d'une assemblée indigne de le comprendre.
Il avait une âme de feu ; mais c'était le feu
de la passion, qui ne fait que consumer.
Tant que la passion religieuse avait secoué
le siècle, La Mennais avait été l'homme de
son temps. Il était une minorité, presque
une unité, mais cette unité tenait tête à
l'armée des combattants. Cette armée, où
était-elle à la Constituante ? Elle avait
disparu sans laisser de traces. Il n'y avait
plus que deux luttes : la lutte sociale, et la
lutte politique pour l'établissement de la
République. On s'était apaisé, c'est-à-dire,
aux yeux de La Mennais, annihilé en religion. Les romantiques avaient donné à la
religion un regain de nouveauté, on la

tolérait en poésie ; dans la pratique, on éprouvait une indifférence respectueuse, fruit de l'extrême modération et de l'extrême prudence du gouvernement de Louis-Philippe. On avait appelé le clergé pour bénir les arbres de la liberté. On plantait un arbre dans tous les carrefours ; un des manifestants se détachait, et allait frapper à la porte de la plus voisine sacristie ; il y avait toujours là un prêtre en rochet, avec un suisse et un enfant de chœur muni d'un bénitier et d'un goupillon ; le prêtre sortait, il bénissait ; on chantait la *Marseillaise*. Si ces arbres n'étaient pas morts au bout d'un mois, Paris serait la plus plantée de toutes les capitales. On faisait dans la rue des manifestations pour la liberté de conscience. Des dames du monde y figuraient. M. Athanase Coquerel y donnait le bras à un prêtre catholique. Trois évêques, si je ne me trompe, et un nombre respectable de prêtres avaient été élus représentants. Presque

tous venaient aux séances en habit ecclé-
siastique ; Lacordaire avec sa grande robe
de moine. Les manifestants approuvaient
cela, ils faisaient des ovations à Lacordaire.
La Mennais enrageait sous son air impassible. Il avait prêché la tolérance, mais
comme un axiome de géométrie, et non
comme une vérité entrée dans son sang
et dans sa chair. Il était l'homme de l'into-
lérance. Cette facilité du peuple pour tous
les cultes était, à ses yeux, une des formes
de l'indifférence en matière de religion. Il
avait raison de juger ainsi son temps. Le
peuple de 1848 voyait surtout dans la religion un spectacle. Ce peuple incrédule se
fit chanter une messe, au pied de l'Obélis-
que, le jour de la proclamation de la Constitution. Il lui fallait un *Te Deum* pour
accompagner le *Chant des Girondins* et la
Marseillaise. Perché sur le haut de la Montagne, le vieux prêtre en rupture de ban
pour qui la religion était tout, même depuis
qu'il avait quitté la religion, avait beau re-

garder autour de lui, il ne voyait plus de
fanatiques, ni fanatiques de religion, ni
fanatiques d'irréligion : tout était mort,
que restait-il de commun entre lui et ce
monde-là ?

C'était à cette époque un petit homme
très maigre, très usé, très chétif, un peu
courbé, pâle comme un spectre, avec un
long nez et des yeux perçants. Il portait
une redingote ouverte, étriquée, fatiguée.
Sans ce regard, qui vous poursuivait longtemps, même quand l'homme n'était plus
là, on aurait dit qu'il avait basse mine.

Le monde, de son côté, ne le connaissait
plus. Il ne lisait plus ses livres. Il n'en
comprenait plus les éclats. Rien ne restait
de cet homme qui avait été un grand
homme. Il s'était adonné dans ses derniers
jours à composer un musée de tableaux, qui
lui coûta sa fortune et qui ne contenait pas un
seul chef-d'œuvre. Il a vécu et il est mort
parmi les ombres.

BÉRANGER

Je ne crois pas me tromper beaucoup en disant que Béranger est à présent fort peu connu.

Jamais on ne cite ses vers ; on prononce bien rarement son nom. J'apprends peut-être à bien des jeunes gens qu'il n'y a pas eu de nom plus populaire que le sien à la fin de la Restauration et sous le gouvernement de juillet : on ne jurait que par Béranger. Ce n'était pas, comme pour Chateaubriand, de l'adoration ; c'était de l'amour. On l'aimait vraiment ; on aimait sa personne ; on aimait ses vers et on les chantait.

Chanter des vers ! Ce seul mot nous transporte dans un autre monde. C'est étonnant, quand j'y pense, combien un demi-siècle met de différence dans nos habitudes ! Je me rappelle le temps où on dînait à une heure, où on restait trois heures à table quand il s'agissait d'un dîner prié, où tout le monde chantait sa petite chanson au dessert. Il n'y avait pas de bons dîners sans chansons.

Cela tenait un peu, je pense, à ce que personne ne savait la musique. Les demoiselles apprenaient à jouer de la guitare ; les jeunes gens aussi, puisque dans *les rendez-vous bourgeois* on disait de « mon ami Charles » :

> Il sait danser, il sait chanter,
> Il sait jouer de la guitare.

J'imagine que « mon ami Charles » en jouait fort peu, et ce que les demoiselles

appelaient savoir jouer de la guitare, et
même savoir la musique, n'était que le
talent fort vulgaire de répéter un accom-
pagnement, toujours le même, qui aujour-
d'hui ferait penser aux mirlitons, et que
nous avions la bonhomie de trouver
agréable dans ces temps préhistoriques.
Chaque dame et chaque cavalier (c'est ainsi
qu'on nous appelait dès que nous mettions
le pied dans un salon) avait sa chanson
favorite, qu'on ne manquait pas de lui demander, et qu'il ne manquait pas de chanter après s'être fait prier le temps conve-
nable. A l'époque de la gloire de Béranger,
c'était lui seul qui fournissait leur réper-
toire aux libéraux.

Désaugiers n'avait conservé qu'un petit
nombre de fidèles.

D'abord il faut que vous sachiez que Béranger répondait à tous les goûts. Il avait
des chansons gaillardes, qu'on ne pouvait
chanter qu'en mauvaise société ou dans
les repas de garçons.

Quoi! on chantait même dans les repas de garçons ?

Sans doute, et je crois que c'était un usage immémorial. A présent il n'y a plus que le peuple qui chante encore de loin en loin ; ou plutôt il ne chante pas : il hurle. C'est bien dommage.

Croyez-vous que, sans ces chansons, qui faisaient partie des usages du monde, le vaudeville à couplets aurait duré si long-temps ? Le vaudeville à couplets, l'opéra-comique et la chanson au dessert sont partis en même temps ; et, en disparaissant, ils ont emmené avec eux la gloire de Béranger. Je vous disais donc qu'il avait des chansons gaillardes. Mon avis est qu'il n'y réussissait qu'à moitié. Je l'aimais mieux dans les chansons simplement grivoises ; on ne pouvait chanter les premières devant une dame sans l'offenser ; on se permettait les autres après un bon dîner, dans une famille de belle humeur ; la maîtresse de la maison s'arrangeait pour ne pas écouter ou pour ne pas entendre. Béranger avait aussi des chansons attendries. Dans celles-là il excellait :

> Vous vieillirez. ô ma belle maîtresse !
> Vous vieillirez, et je ne serai plus.
>
> . . . .
>
> Lorsque les yeux chercheront, sous vos rides,
> Les traits charmants qui m'auront inspiré,
> Des doux récits les jeunes gens avides
> Diront : quel fut cet ami tant pleuré ?
> De mon amour, peignez, s'il est possible,
> L'ardeur, l'ivresse et même les soupçons ;
> Et bonne vieille, au coin d'un feu paisible,
> De votre ami répétez les chansons.

On nous chantait cela sur des airs très simples, que tout le monde savait, et on n'y mettait d'autre part qu'un peu de sentiment.

Voici encore, dans le même genre, une chanson que j'admire aujourd'hui comme je l'admirais il y a cinquante ans. C'est la chanson du vieil habit :

> Sois moi fidèle, ô pauvre habit que j'aime !
> Ensemble nous devenons vieux.

13

> Depuis dix ans je te brosse moi-même,
> Et Socrate n'eût pas fait mieux.
> Quand le sort à ta mince étoffe
> Livrerait de nouveaux combats,
> Imite-moi, résiste en philosophe :
> Mon vieil ami, ne nous séparons pas.
>
> Je me souviens, car j'ai bonne mémoire,
> Du premier jour où je te mis.
> C'était ma fête, et, pour comble de gloire,
> Tu fus chanté par mes amis.
> Ton indigence qui m'honore
> Ne m'a point banni de leurs bras.
> Tous ils sont prêts à te fêter encore :
> Mon vieil ami, ne nous séparons pas.

Et voici la fin de la même chanson :

> Je dois bientôt, il me le semble,
> Mettre pour jamais habit bas.
> Attends un peu ; nous finirons ensemble :
> Mon vieil ami, ne nous séparons pas.

Vous n'ignorez pas que, sous la Restauration, il y avait guerre ouverte entre le clergé et les libéraux. Le clergé avait eu le tort de se jeter à corps perdu dans la politique. Les chaires retentissaient de l'éloge de la famille royale ; on mettait, au-dessus de tous les devoirs, celui d'aimer Louis XVIII *le Désiré*, ce qui rappelait aux malveillants la fameuse phrase du catéchisme impérial qui apprenait aux enfants que, *d'après l'apôtre saint Paul,* les chrétiens qui n'aimaient pas l'empereur étaient coupables de péché mortel. Il y avait aussi les jésuites qui se montraient, se retiraient, se montraient de nouveau, et qui, sous leur vrai nom, ou sous un nom d'emprunt, étaient toujours là pour élever nos enfants et gouverner nos gouvernants. Les libéraux protestaient de toutes leurs forces par des arguments, des calomnies et des chansons. On n'attaquait pas, ou on attaquait rarement la religion ; on était, quant aux idées religieuses, de l'église du vicaire savoyard ; mais on n'avait pas de pitié pour le clergé. Béranger tenait le premier rang dans cette guerre contre la Camarilla et les jésuites.

> Hommes noirs, d'où sortez-vous ?
> Nous sortons de dessous terre.
> Moitié renards, moitié loups,
> Notre règle est un mystère.
> Nous sommes fils de Loyola;
> Vous savez pourquoi l'on nous exila.
> Nous rentrons; songez à vous taire !
> Français, tremblez tous : nous vous bénissons!
>   Et puis nous fessons
>   Et nous refessons
> Les jolis petits, les jolis garçons.

Ces chansons n'étaient que pour les libé-raux très libéraux : ceux que leurs ennemis appelaient les jacobins ; car dans cette étrange société, les libéraux, les jacobins et les bonapartistes ne formaient guère qu'un seul parti, avec des nuances. Mais Béranger réussissait mieux dans le côté sentimental du vicaire savoyard. Il y revenait plus souvent, avec un succès plus universel, et plus d'avantage pour sa propagande. Nous savions tous par cœur *le Dieu des bonnes gens*. Mais quelle est la chanson de Béranger que nous ne savions pas par cœur?

Il est un Dieu ; devant lui je m'incline,
Pauvre et content, sans lui demander rien.

Quelle menace un prêtre fait entendre !
Nous touchons tous à nos derniers instants ;
L'éternité va se faire comprendre ;
Tout va finir, l'univers et le temps.
O chérubins, à la face bouffie,
Réveillez donc les morts peu diligents.
Le verre en main, gaîment je me confie
    Au Dieu des bonnes gens.

A défaut des chansons elles-mêmes, il y a des vers dont il est impossible qu'on ne se souvienne pas :

On peut aller même à la messe,
Ainsi le veut la liberté.

Dans une de ses préfaces, Béranger recherche la cause de sa popularité et il l'attribue modestement à son rôle politique. Il parle de ses vers sans la moindre vanité ; c'est la politique qui a tout fait. On chantait ses vers parce qu'il chantait les colères et les espérances du peuple. Cette préface, qui a été conservée dans la grande édition illustrée de Perrotin, est remarquable surtout par cette pensée, sans cesse reproduite, que tous ses succès sont dus à la politique, bien plus qu'à la poésie. Et ne croyez pas qu'il se donne, en politique, un rôle prépondérant. Il y avait d'abord les grands esprits, les hommes d'État, qui conduisaient l'armée ; il venait par derrière avec ses chansons. Il n'était que le trompette du régiment.

Il décrit sa politique dans la même préface ; politique difficile à débrouiller pour vous, puisqu'il y présente Bonaparte comme la personnification de la Révolution française, mais très intelligible pour ceux qui ont vécu dans la première moitié du XIX* siècle.

La politique des Bourbons avait certainement contribué à faire de Bonaparte le représentant de la Révolution. Béranger était à la fois libéral et bonapartiste ; mais plus intelligent que son parti, il ne confondait pas, dans la même admiration, le destructeur de toute liberté et l'organisateur de la société moderne.

La chanson du roi d'Yvetot est là pour prouver que la gloire du conquérant ne l'enivrait pas :

> Il était un roi d'Yvetot,
>   Peu connu dans l'histoire,
> Se levant ta   se couchant tôt,
>   Vivant fort bien sans gloire ;
> Et couronné par Jeanneton
> D'un simple bonnet de coton,
>   Dit-on.
> Oh ! oh ! oh ! oh ! Ah ! ah ! ah ! ah !
> Quel bon petit roi c'était là !
>   La la.

L'admiration pour Bonaparte ne s'empara décidément de Béranger qu'après nos malheurs. Bonaparte et la France étaient vaincus à la fois ; et à partir de ce moment, jusqu'aux fautes de Napoléon III, la légende bonapartiste se confondit avec la légende révolutionnaire. Il faut l'avouer, jamais destinée ne fut aussi épique que celle de Napoléon, avec ses succès invraisemblables, son effondrement absolu et son long martyre. Tous nos poètes l'ont chanté : Lamartine, Victor Hugo, Béranger ; Béranger bien inférieur à lui-même, quand il veut être lyrique :

> Peut-être il dort, ce boulet invincible
> Qui fracassa vingt trônes à la fois.
> Ne peut-il pas, se relevant terrible,
> Aller mourir sur la tête des rois ?

Mais l'admiration de Béranger est mêlée d'attendrissement ; et c'est ce qui lui fait une place à part, et très élevée. La chanson même que je viens de citer est très touchante dans plusieurs de ses couplets. Son refrain est admirable :

> Je ne puis rien, rien pour sa délivrance ;
> Le temps n'est plus des trépas glorieux.
> Pauvre soldat, je reverrai la France,
> La main d'un fils me fermera les yeux.

J'ai entendu souvent, dans mon enfance, des soldats de la grande armée chanter le *Vieux Drapeau*. Il était rare que la chanson ne se terminât pas par des sanglots :

De mes vieux compagnons de gloire,
Je viens de me voir entouré.
Nos souvenirs m'ont enivré ;
Le vin m'a rendu la mémoire.
Fier de mes exploits et des leurs,
J'ai mon drapeau dans ma chaumière.
Quand secouerai-je la poussière
Qui ternit ses nobles couleurs?

Mais il est là, près de mes armes,
Un instant osons l'entrevoir.
Viens, mon drapeau ! viens, mon espoir!
C'est à toi d'essuyer mes larmes.
D'un guerrier qui verse des pleurs
Le ciel entendra la prière ;
Oui, je secouerai la poussière
Qui ternit tes nobles couleurs.

C'est ce qu'on appelle du chauvinisme.
Je conviens qu'on en a abusé. Je voudrais
bien le voir revivre.

Mais voici une chanson d'un autre ordre
sur le même sujet. J'ose dire que celle-ci
est ravissante :

On parlera de sa gloire
Sous le chaume bien longtemps.
L'humble toit dans cinquante ans
Ne connaîtra plus d'autre histoire.

Là viendront les villageois
Dire alors à quelque vieille :
Par des récits d'autrefois,
Mère, abrégez notre veille.
Bien, dit-on, qu'il nous ait nui,
Le peuple encor le révère,
        Oui, le révère ;
Parlez-nous de lui, grand'mère ;
        Parlez-nous de lui.

Mes enfants, dans ce village,
Suivi des rois, il passa :
Voilà bien longtemps de ça.
Je venais d'entrer en ménage,
A pied grimpant le coteau,
Où pour voir je m'étais mise.
Il avait petit chapeau
Avec redingote grise.
Près de lui, je me troublai ;
Il me dit : Bonjour, ma chère !
        Bonjour, ma chère !
— Il vous a parlé, grand'mère !
        Il vous a parlé !

Je ne puis cependant la citer tout entière.

        — Il s'est assis là, grand'mère,
        Il s'est assis là !

Et le dernier mot :

— Dieu vous bénira, grand'mère,
Dieu vous bénira !

Oh ! oui c'était une belle légende. Il est
à jamais déplorable qu'on l'ait profanée.

Ce qui explique, en partie, l'admiration
de Béranger et de ses contemporains pour
Bonaparte, c'est la flétrissure qu'il avait
infligée à l'ancienne noblesse. La révolution l'avait dégradée, mais Bonaparte l'avi-
lit. Il lui infligea sa domesticité, avec des
titres de sa façon. Tout ce qui accablait les
émigrés réjouissait les libéraux. On chantait partout, dans les cercles libéraux, *la
Marquise de Pretintaille* de Béranger. Je
ne veux pas lui faire un succès posthume ;
mais *le Marquis de Carabas* est un petit
chef-d'œuvre, que nous pouvons encore
apprécier aujourd'hui, quoique la passion
à laquelle il répondait soit morte avec sa
cause :

Voyez ce vieux marquis
Nous traiter en peuple conquis ;

Son coursier décharné
De loin chez nous l'a ramené.
Vers son vieux castel
Ce noble mortel
Marche en brandissant
Son sabre innocent.
Chapeau bas ! chapeau bas !
Gloire au marquis de Carabas !

C'est le marquis de Carabas qui seul a rétabli son roi. Que le roi y prenne garde ! Il faut à présent qu'il rétablisse le marquis de Carabas. La marquise a le tabouret. Son fils, le baron, quoiqu'un peu poltron, veut avoir la croix : il en aura trois. Pour être évêque un jour, son dernier fils suivra la cour. Qu'on ne lui parle pas d'impôts ! Grâce à ses créneaux, à ses arsenaux, il peut au préfet dire un peu son fait... Ceux qui chantaient cette chanson avaient le marquis de Carabas sous leurs yeux ; ils avaient ses mains dans leurs poches. Ils étaient animés par des rancunes inassouvies. Béranger était pour eux plus qu'un poète : c'était un vengeur. Ils le portaient aux nues.

Ce qui augmentait encore sa popularité, c'était la façon dont il usait de sa gloire. On eût dit qu'il la fuyait. Jamais il ne demanda un compliment. Il semblait qu'en le louant, la presse lui infligeât une souffrance. Tous ses amis avaient été portés au pouvoir par la révolution de Juillet. Il avait plus de droits aux faveurs que personne. Il avait travaillé plus que personne à décrier les Bourbons et les nobliaux. Il avait souffert pour ses opinions, puisqu'il avait été deux fois condamné à la prison. Il avait perdu, par suite de ses opinions, une place de 1.800 francs, la seule place qu'il ait jamais eue. Non seulement il n'accepta rien, mais il refusa tout. Sa principale ressource était une rente de 800 francs que lui payait Perrotin, son éditeur. Le revenu de ses chansons avait été évalué, d'un commun accord, à cette somme. Elle fut doublée, puis triplée, quand le succès grandissant rendit le premier marché ridiculement insuffisant. Il vivait comme

un rentier très modeste ; mais tout ce qu'il
y avait de grand par l'intelligence et le caractère accourait dans sa petite maison pour
jouir de son entretien et lui demander ses
conseils.

La révolution de Février lui joua le tour
de le nommer député. Député de Paris ! Le
plus beau titre et la plus belle mission sous
la République. « Que ferais-je là ? dit Béranger, Je fais passablement des vers, mai.
je ne fais pas de discours. Je donne volontiers mon avis aux ministres ; mais être ministre moi-même, ce serait abdiquer un
rôle que je remplis bien, pour en occuper
un autre que je serais incapable de remplir. » Deux fois il donna sa démission,
deux fois elle fut refusée. Il la donna une
troisième fois, et rentra dans la vie privée.
Il fut populaire jusqu'à sa mort ; mais sa
popularité personnelle survivait à celle de
ses œuvres.

A présent, tout est oublié. La France ne
chante plus. La chanson n'a plus de rôle,

ni dans la vie officielle, ni dans la vie privée. Les airs qu'on fredonnait avec tant de plaisir, en 1830, ne sont pas seulement oubliés ; ils sont ridiculisés. On ne chansonne plus les marquis, parce qu'il n'y en a plus. Il n'y a plus de jésuites. Il n'y a plus de camarilla. Le parti clérical est définitivement vaincu. Il ne pourrait renaître qu'à condition d'être persécuté ; il n'a pas sa destinée dans ses mains. C'en est fait de la légende impériale ; Sedan l'a tuée. Tout ce qui faisait la gloire de Béranger a péri. J'ai le chagrin de penser que ces lignes apprendront quelque chose à beaucoup de mes lecteurs. Cette gloire éclipsée mériterait de durer. C'est celle d'un grand citoyen, d'un grand homme de bien, et d'un vrai poète.

ARMAND CARREL

Je suis, sans doute, un des derniers qui
aient connu Armand Carrel. Je l'ai peu
connu. J'étais plutôt un spectateur qu'un
confident. Je suis devenu l'ami de ses amis
après sa mort.

J'étais élève de l'École normale en 1834.
La jeunesse de ce temps-là avait à dépenser
beaucoup de passion et d'admiration. L'École
normale était, par métier, moins bruyante
que l'École de droit et l'École de médecine ;
elle ne faisait pas d'ovations à ses idoles,
mais elle avait pour elles un culte plus

réfléchi, plus profond et plus durable.
Nous faisions imprimer, à l'époque du jour
de l'an, de grandes cartes portant ces
mots : Les Élèves de l'École normale. On
s'assemblait, à la fin de l'année, pour dres-
ser la liste des grands hommes à qui notre
carte serait portée. La délibération était
aussi agitée et certainement aussi sérieuse
qu'une élection à l'Académie. Victor Hugo,
Lamartine, Alexandre Dumas passaient
tous d'une voix, mais Balzac et Sainte-
Beuve étaient longuement discutés. Il en
était de même, naturellement, des hommes
politiques. Nous avions conscience de notre
valeur, et nous nous regardions modestement comme l'élite de la jeunesse française. Deux commissaires étaient désignés
pour porter notre hommage aux élus ; et
c'est ainsi qu'à l'âge de dix-huit ans, je
connus Victor Hugo, Alexandre Dumas et
Armand Carrel.

Victor Hugo nous reçut cordialement et
solennellement. Il nous rendit notre visite,

deux jours après, pendant la récréation,
parla tout seul une grande demi-heure, et
nous laissa transportés de reconnaissance
et d'enthousiasme. Alexandre Dumas nous
traita comme des camarades, parla vaguement de nous avoir à déjeuner, et nous
assura qu'il nous recevrait toujours, à bras
ouverts, quand nous irions le voir à quatre
heures du matin. Armand Carrel fut très
poli, mais très froid. « Vous êtes internes?
nous dit-il, M. Cousin est un de vos
maîtres? C'est un très brillant esprit. »
Voyant qu'il ne s'ouvrait pas davantage, je
tirai ma révérence au grand mécontentement de Yanoski, qui voulait entamer la
politique. Nous sortîmes assez abattus,
tandis que nous étions sortis triomphants
de chez les deux autres. Le dimanche suivant, comme je me promenais sur la ter-
rasse des Tuileries qui borde la rue de
Rivoli, il me reconnut et me tendit la
main. Je me crus autorisé à faire un ou
deux tours avec lui et la personne qui l'ac-

compagnait. Il continua la conversation commencée et m'admit à y prendre part, comme si j'avais été de son âge et de son monde. Depuis je ne manquai pas d'aller tous les mois au *National* jusqu'à l'époque de sa mort qui eut lieu deux ans après. Il me parut qu'il ne faisait aucun effort pour se rendre populaire dans la jeunesse des Écoles, mais qu'il était bien aise de savoir ce que nous pensions, et de pouvoir, au besoin, compter sur nous.

Il avait l'aspect d'un chef de parti et d'un homme du monde. Une tenue correcte, simple, un peu militaire ; pas de gestes, la physionomie grave, la parole ferme et brève ; ni expansion, ni cordialité ; une politesse légèrement hautaine. Il ne cherchait pas à produire de l'effet ; il en produisait cependant. Ce qui résultait de son aspect, de sa conversation et de toute sa manière d'être, c'est qu'on était en présence d'un homme d'autorité. On le retrouve tout entier dans son style sans re-

cherche, sans affectation, sans ornements,
sans tâtonnements, tout en petites phrases
fermes et claires, bien enchaînées. Quand
il y a, de loin en loin, un mot frappant, c'est
qu'il lui échappe. Ses articles valaient surtout par la pensée, et de même, sa conversation. Il ne parlait ou n'écrivait que
quand il avait une idée sérieuse à exprimer.

Il était maître absolu de son journal. On
n'y faisait, on n'y disait rien que par ses
ordres. Il était aussi le maître de ses amis.
Ils ne le discutaient pas ; ils lui obéissaient.
Ils avaient pour lui un dévouement et une
admiration sans bornes, quoi qu'il ne fît
rien, dans le commerce ordinaire de la vie,
pour gagner ou garder des amis. Son influence tenait surtout à son caractère, à la
fermeté de ses principes, à son inébranlable fidélité. On avait le sentiment qu'il
savait où il allait, qu'il marchait constamment à son but sans jamais dévier, qu'il
prendrait, en toute occasion, fait et cause
pour les siens, et que, s'il y avait un péril

à courir, il se placerait au premier rang. Il ressemblait beaucoup plus à un général très brave, très capable, très autoritaire, un peu taciturne, qu'à un journaliste.

Il avait passé par Saint-Cyr. La politique l'avait éloigné de l'armée. Quoiqu'il ne fît jamais de confidence sur lui-même, ses amis et le public affirmaient unanimement qu'il regrettait sa première carrière. On sait qu'il prit du service dans l'armée espagnole quand l'armée française entra en Espagne sous les ordres du duc de Berry pour combattre les libéraux. Les fidèles parlaient peu de cet épisode de sa vie. Il avait, comme les émigrés, préféré « la cause » à la patrie, avec cette supériorité, pour lui, qu'aucune arrière-pensée n'avait influé sur sa conduite. Les libéraux écrasés en Espagne par un prince de la Maison de Bourbon, c'était, en France, l'ajournement indéfini des espérances libérales. Il croyait servir la France en la combattant. Une des conséquences les plus douloureuses des

révolutions prolongées, c'est qu'on arrive
à ne plus comprendre où est le devoir, et
que, quand plusieurs devoirs se combattent,
on ne sait plus comment les classer. Carrel
avait été plus à l'aise en 1830. Il avait, cette
fois-là, combattu pour la France avec des
Français. Il n'avait pas fait comme plusieurs
de ses amis qui, aussitôt après avoir dé-
chaîné la révolution, n'avaient plus pensé
qu'à l'enrayer. L'homme qui, en 1834, in-
carnait le *National* et le parti républicain,
était, sans aucun changement, celui qui
avait poussé aux barricades de 1830 et qui
avait brillé parmi les meilleurs combattants.

Le *National* avait été créé par trois
hommes supérieurs : MM. Thiers, Mignet
et Armand Carrel, qu'on est assez surpris
de trouver réunis dans la fondation et la
direction d'un journal politique. Les articles sont anonymes, mais on a conservé
la collection du caissier qui, pour payer à
chacun ce qui lui était dû, écrivait chaque
jour au bas du premier article le nom de

son auteur. On aperçoit, en les comparant,
la différence des idées et des caractères ;
mais cette différence, qui saute aux yeux
aujourd'hui parce qu'elle est manifestée par
les suites, n'était pas aussi visible, et surtout n'avait rien de choquant avant la révolution. Ils se séparèrent sous le feu.
M. Thiers prit la plus grande part à la direction, et M. Carrel à la bataille. Après la victoire commune, ils ne se rejoignirent plus.
M. Mignet prit la résolution, extraordinaire
pour un vainqueur, de renoncer absolument
à la politique militante et de s'absorber dans
les études historiques. M. Thiers devint
l'un des deux grands hommes d'État qui
devaient pendant dix-huit ans se partager
ou se disputer le gouvernement du pays.
Armand Carrel resta seul à la tête du journal
pour gouverner de là l'opposition républicaine. D'autres journaux, en d'autres cen-
tres, se formèrent ; mais Enfantin, Fourrier,
Raspail, Pierre Leroux étaient des chefs
d'écoles plutôt que des chefs de partis.

Armand Carrel, sans aucun mélange d'utopies sociales, était et resta jusqu'au bout la République.

Le poste de préfet de la Seine-Inférieure lui fut offert. Il le refusa. On dit alors, et on a répété depuis, que son inflexibilité n'aurait pas résisté à une offre plus haute ; qu'à la vérité il n'aurait pu, sans se démentir, accepter un ministère, mais qu'il exprima le désir d'être introduit dans l'armée avec le grade de lieutenant-général. De tels récits nous semblent, à présent, fantastiques. Nous ne comprenons pas du tout qu'on entre dans l'armée autrement que comme simple soldat, ou comme sous-lieutenant sortant des Écoles. Mais il ne faut pas confondre 1830 avec notre époque. Tout change avec le temps, dans les règlements et dans les idées. Sous la première république on devenait général en deux ou trois ans, quelquefois même on était porté d'emblée à la tête d'une armée. Carnot était petit officier avant la Révolution ; on avait oublié

de lui donner de l'avancement pendant
qu'il était au Comité de salut public ; il devint, en un jour, de simple commandant,
général de division ; l'empereur, dans une
visite, donnait l'épaulette à un lycéen ;
Louis XVIII conférait à d'anciens gardes-
marine, qui n'avaient pas vu la mer depuis
vingt ans, le grade de capitaine de vaisseau.
Je crois qu'il y eut aussi des distributions
de grades en 1830, mais de grades infé-
rieurs. Je me souviens qu'un de mes camarades de classe au collège de Vannes, enrôlé
dans la garde nationale et qui avait été
blessé dans une rencontre avec des réfrac-
taires, eut le choix entre la croix d'honneur et l'épaulette de sous-lieutenant dans
la ligne. Carrel pouvait dire qu'il avait sa-
crifié sa carrière à ses opinions, — aux opinions qui venaient de triompher avec la
révolution de 1830, — que ses camarades
de promotion, qui n'avaient pas eu les
mêmes scrupules, étaient maintenant dans
les hauts grades ; qu'il avait fait la guerre,

qu'il savait le métier, et s'était constamment tenu au courant des questions militaires. Nous avions cette ambition pour lui,
dans notre petit monde d'étudiants ; nous
étions divisés seulement sur la question de
savoir si, dans le cas où la proposition lui
serait faite, il l'accepterait. Je crois, à présent, qu'il n'y a pas lieu de se préoccuper
de ces historiettes.

Il est douteux qu'une pareille idée ait
jamais traversé son esprit; il est certain
qu'elle n'a jamais eu aucune consistance.

Si nous prenons la vie d'Armand Carrel,
c'est un homme qui n'a jamais obtenu
aucune faveur; si nous regardons son
caractère, c'est un homme qui n'était fait ni
pour demander, ni pour recevoir. En tout
cas, s'il était entré quelque part, il y serait
entré tout entier, sans rien sacrifier de ses
opinions et de son passé. Il n'était pas
homme à capituler. Il n'y avait qu'à le
regarder et à l'écouter pour être sûr qu'il
n'accepterait jamais aucune compromis-

sion. Sa vie et ses écrits concordent avec mes souvenirs. Je ne puis me le représenter en fonctionnaire ni en courtisan. Préfet, il serait amoindri; général, il serait déguisé. *Il se sentait trop*, pour accepter un rôle dans la comédie politique. C'était, par excellence, une âme fière; il ne pouvait arriver que par ses idées et pour ses idées.

Il a été tué en duel par Émile de Girardin. Il y a dans ce duel deux singularités. La première est l'origine de la querelle. Émile de Girardin avait eu l'idée d'abaisser considérablement le prix des journaux, en comptant sur un rendement supérieur des annonces. L'idée était juste; eût-elle été une erreur commerciale, ce n'était pas une question à résoudre à coups de pistolet. La seconde singularité est la passion déployée dans cette affaire par Armand Carrel, ordinairement plus maître de lui-même. Émile de Girardin ne voulait pas un duel que rien ne justifiait et n'expliquait, et qui tournerait contre lui dans tous les cas; car, s'il était matériellement vainqueur, il se savait d'avance condamné à une impopularité terrible. Carrel, dont la réputation de bravoure était faite, et qui pouvait, sans inconvénient, consentir à un arrangement, s'obstina. Il fut blessé mortellement. On ne put le transporter à Paris. On le déposa dans une maison de Vincennes, où il mourut après une longue agonie.

Nous avons toujours cru que cette question de l'abaissement du prix des journaux ne fut qu'un prétexte. Il voyait dans M. de Girardin l'homme qui devait changer le rôle de la presse et le caractère de la profession de journaliste dont il avait l'orgueil, à juste titre. Pour lui, un journal était une tribune ; on allait transformer cette tribune en tréteaux. Il parlait aux hommes réfléchis, aux hommes de parti ; on s'adresserait désormais à la multitude ; ce n'est pas lui qui a dit : à la vile multitude, mais il l'a peut-être pensé le premier. Il ne voyait dans le journal que l'organe d'un parti, il craignit qu'on en fît désormais l'instrument d'une affaire. On ne penserait plus à propager une idée, mais à remplir la caisse. Il était dans sa nature d'imposer son opinion ; le rôle nouveau du journaliste serait de deviner l'opinion de la foule et de s'y conformer. Ce n'était pas seulement une transformation ou une dégradation de la presse, toute la démocratie allait changer de caractère ; il avait voulu l'élever jusqu'à la hauteur de ses pensées, on allait contraindre les plus nobles esprits à subir la loi du nombre. La publicité, au lieu d'être uniquement consacrée à la réforme politique, ne tarderait pas à se mettre au service de doctrines antisociales pour lesquelles il ne cachait pas son dédain. Il comprenait, d'ailleurs, toute la portée de son adversaire. Il pensa qu'il était nécessaire de l'arrêter en chemin, et, selon sa coutume, il se chargea en personne de l'opération, parce qu'elle était dangereuse.

Le duel nous avait étonnés, le résultat

nous accabla. On vit, dans ses derniers
moments, quelle place il avait tenue dans
le cœur de ses amis, à la tête de son parti,
dans le journalisme parisien, et dans l'État.
Toute autre préoccupation fut arrêtée. Ce
fut pendant deux jours une procession de
Paris à Saint-Mandé. J'y allai, comme les
autres, en dépit du règlement de l'École.
Je rapportai la terrible nouvelle qu'il ne
restait plus d'espérance. Cousin, en arri-
vant pour faire son cours, vint d'abord à
moi ; je lui dis ce que je savais. Il pleura.
Ces larmes nous apprirent beaucoup sur
lui et sur Carrel. Cousin avait horreur de
la république ; il nous le disait tous les
jours. Je me souviens qu'il me dit longtemps après, en 1848, lorsqu'il pensa à
être candidat dans la Seine : « Je suis
socialiste ; j'ai la république en horreur. »
Il reprochait à ses amis de n'avoir pas
assez fait pour améliorer le sort des
ouvriers ; son socialisme n'allait pas plus
loin.

Armand Carrel aurait été socialiste de cette façon-là, mais il n'était partisan d'aucune des réformes qu'on proposait pour la propriété et la famille. Il ne vivait que pour la politique républicaine.

Quoique sa mort délivrât le gouvernement d'un ennemi redoutable, les hommes qui étaient alors à la tête des affaires avaient le cœur assez haut placé pour comprendre que la France entière faisait une perte irréparable. Rien ne lui survivait, ni livre, ni école, ni doctrine ; il s'était dépensé, au jour le jour, dans une lutte obstinée contre les opportunistes de ce temps-là. Sorti de l'armée, par un sacrifice honorable et cruel, il avait vécu en soldat. La plupart de ses batailles étaient des victoires. Même quand il était battu, pour l'heure présente, on sentait qu'il laissait le dard dans la plaie, et que l'avenir serait pour lui. Il léguait à son parti l'exemple d'une vie sans tache, d'un courage à toute épreuve, et d'une âme incorruptible.

La ville de Rouen a honoré en lui un ferme esprit et un grand cœur. Il n'y a pas un journaliste digne de ce nom qui ne lui en soit reconnaissant.

LOUIS BLANC

Louis Blanc était Corse par sa mère, et allié aux Pozzo di Borgo. Il naquit en 1811, à Madrid, où son père occupait, sous le règne de Joseph Bonaparte, les fonctions d'inspecteur général des finances. Son frère et lui se poussèrent dans le monde par leur talent; s'il ne s'agissait que de Charles, je dirais par leur talent et leur habileté. Charles savait se retourner; Louis était tout d'une pièce. Ils avaient, au fond, les mêmes idées; du moins, j'ai toujours vu Charles défendre avec ardeur les idées de son frère. Mais Louis était un chef d'école et presque un prophète ; Charles, qui s'était adonné à la critique d'art, ne parlait jamais de socialisme et n'y pensait probablement pas quand on n'y mêlait pas le nom de son frère. Son culte pour Louis Blanc est le seul fanatisme que je lui aie jamais connu, et il y avait, dans ce fanatisme, une certaine grâce.

Je ne sais pas si vous avez jamais vu Louis Blanc. Vous avez, au moins, vu son portrait. C'était une noble tête avec des yeux brillants, un beau profil et une profusion de cheveux noirs. Cette tête était portée par un corps auquel il manquait quelques centimètres pour pouvoir entrer dans un régiment. Louis Blanc était certainement un nain ; mais il n'était nullement contrefait. C'était une grosse tête sur un petit corps. La tête était belle, le corps bien conformé. Il lui vint, quand il fut souverain, la cruelle inspiration de porter des bottes à l'écuyère dans les grandes cérémonies. Il ne parvint pas à se rendre ridicule. Tout le monde avait vite compris que ce petit homme était un homme. Contre les habitudes françaises, ses ennemis, et Dieu sait s'il en eut dès le premier jour, rendaient justice à sa probité et à son talent.

C'était un brave homme, un esprit faux, un cœur chaleureux. Il croyait tout ce qu'il disait, mais il ne disait pas grand'chose de bon. Il avait fait un livre assez peu étudié, injuste dans ses appréciations sur les personnes, absurde dans ses théories, écrit, avec facilité et, de loin en loin, avec un certain éclat. Il était d'étoffe à être le rédacteur en chef d'un journal radical.

Louis Blanc avait trente-sept ans en 1848 ; à cet âge il avait déjà fondé deux journaux : *Le Bon Sens*, où je le connus à propos de je ne sais quelle affaire du quartier des Écoles, et la *Revue du Progrès*. Il avait publié deux opuscules à grande sensation : l'un, intitulé *les Idées Napoléoniennes*, et l'autre, qui parut dans *la Revue du Progrès*, sous le titre d'*Organisation du travail* et qui fut l'origine de sa grande popularité dans les ateliers. Il était surtout connu dans la bourgeoisie libérale par un livre qui avait la dimension d'une histoire et la valeur d'un pamphlet. Cette œuvre, incomplète et brillante, s'appelait l'*Histoire de Dix ans*. On ne la lit plus aujourd'hui, parce que ce n'est pas là qu'on peut aller chercher la vérité sur le règne de Louis-Philippe. Louis Blanc n'avait été, ni comme fonctionnaire, ni comme membre élu d'une assemblée, mêlé aux affaires. Il n'était en relations avec aucun homme appelé à voir les choses de près et à en connaître les dessous. Il n'a eu à sa disposition aucun document particulier. Son œuvre ne porte pas la trace de recherches patientes. L'auteur est républicain et socialiste ; il épouse toutes les rancunes des républicains et des

socialistes. Il juge les faits comme eux et
ne les voit jamais qu'à travers les préjugés
de son parti. Le témoignage d'un contemporain n'est précieux que quand il raconte
des faits qu'il a vus, des événements auxquels il a été mêlé; encore faut-il tenir
compte de ses préventions et de ses intérêts. Mais, quand il est simplement l'écho
du bruit public, on doit avant tout se demander dans quel monde il a vécu. Chacun
des mondes dont se compose le monde
voit l'histoire contemporaine à sa manière.
« J'étais là, dit celui-ci. » — « J'y étais
aussi, » répond celui-là. Et les faits qu'ils
racontent sont contradictoires; cependant
ils sont de bonne foi l'un et l'autre.

Je ne vais pas jusqu'à dire que nos
arrière-neveux sauront mieux notre histoire que nous ne la savons nous-mêmes;
si j'avais à choisir mon guide, je pren-
drais un homme qui n'a pas été témoin
des évènements, ou qui ne les a vus que
d'un peu loin; qui pourtant est venu quand

ils étaient encore tout récents ; qui a pu interroger des témoins véritables, mais en les prenant dans tous les partis, et en les contrôlant l'un par l'autre. En un mot, l'histoire que je préfère est l'histoire *presque contemporaine*. Mais l'*Histoire de Dix ans*, je le répète, est un pamphlet contre Louis-Philippe et une apothéose de l'opposition. On ne peut y chercher de renseignements que sur l'état des esprits dans le milieu où vivait l'auteur.

Elle eut un succès retentissant dans ce milieu-là. Louis Blanc était journaliste ; son livre se ressentait de sa profession : il était improvisé. Mais cette improvisation avait de l'éclat et, par instants, de la lumière. Elle était claire, facile, brillante, quelquefois un peu déclamatoire. On se laissait aller à cette lecture quand on n'était pas révolté par quelque gros sophisme ou quelque calomnie trop manifeste. Louis Blanc était certainement de bonne foi, même dans les moments où sa haine éclatait le plus. Voici un détail qui peut servir à le peindre : Il était à Londres à la fin de l'Empire ; Mme la comtesse de Paris y était aussi. Elle avait organisé ou on avait organisé sous sa présidence, une vente ou une loterie destinée à secourir les Français malades ou nécessiteux. La comtesse et son mari se dévouaient à cette bonne œuvre avec le zèle le plus méritoire. La plupart de ceux qu'elle était appelée à secourir étaient des républicains ; mais on ne voyait en eux que des Français, et on s'adressait aussi, pour recueillir des lots et des offrandes à tous les Français, quelle que fût la cause de leur exil. Louis Blanc ne fut pas oublié ; le comte de Paris voulut aller chez lui pour lui demander en personne sa coopération. Il le manqua ; mais Louis Blanc écrivit très poliment pour envoyer un lot. Ce lot, adressé à Mme la Comtesse de Paris, chez laquelle les offrandes se centralisaient, n'était autre que l'*Histoire de Dix ans*.

Le sentiment qui éclata le plus dans la bourgeoisie de Paris en 1848 fut la peur, à moins que ce ne fût l'étonnement. Nous marchâmes, pendant deux mois, d'étonnement en étonnement. Pour commencer, nous eûmes la composition du gouvernement provisoire. Arago, Garnier-Pagès, Ledru-Rollin, Crémieux ne nous étonnaient pas. La Révolution étant ce qu'elle était, nous les attendions. On n'attendait pas Lamartine. Il nous apparaissait jusque-là dans un monde supérieur aux révolutions et même à la politique.

Armand Marrast, Louis Blanc et surtout Flocon nous surprirent dans un sens opposé. Ce n'étaient que des journalistes. Si Armand Carrel avait vécu, on aurait trouvé toute simple son entrée aux affaires ; mais Flocon ! Nous apprîmes presque aussitôt que Louis Blanc n'était pas seulement membre du gouvernement, qu'il en était un des chefs et que le pouvoir serait disputé entre Louis Blanc, Lamartine et

Ledru-Rollin. La bourgeoisie libérale était pour Lamartine de toutes ses forces, de tout son cœur, de tout son enthousiasme ; Ledru-Rollin ralliait les radicaux voués exclusivement à la politique, et les socialistes avaient pour chef Louis-Blanc. Lamartine, avec Arago, nous donnait confiance ; Ledru-Rollin nous effrayait, Louis Blanc nous terrifiait.

Il était doublé d'un certain Albert que personne ne connaissait et qu'on affectait d'appeler : Albert Ouvrier ; on savait seulement qu'il était ouvrier boutonnier. Comment cet ouvrier était-il appelé à nous gouverner ? L'avait-on choisi pour son talent ? Ou pour ses doctrines ? Ou pour l'éclat de ses services ? Ou simplement pour apaiser et satisfaire les ouvriers par cette grande place donnée à l'un d'entre eux ? On comprit sur-le-champ qu'il allait être une sorte de doublure de Louis Blanc. Louis Blanc avait deux voix dans les conseils du gouvernement : la sienne, et celle d'Albert Ouvrier. Disons en passant que cet Albert Ouvrier était un parfait honnête homme, qui ne tira aucun avantage personnel de sa grandeur éphémère, qui resta fidèle, après la chute du gouvernement provisoire, à sa condition et à ses convictions, qui fut condamné, puis amnistié et n'exerça pas même d'influence dans les ateliers.

Louis Blanc institua au Luxembourg une sorte de Parlement composé d'ouvriers socialistes. On se dit de tous côtés : « C'est là qu'est l'ennemi. Les hommes qui sont rassemblés là sous la présidence de Louis Blanc sont ceux qui vont anéantir la propriété et la famille. » En attendant qu'on nous fît une société calquée sur *l'organisation du travail*, on institua au Parc Monceau les ateliers nationaux, l'assistance par le travail : beaucoup d'assistance, très peu de travail, pas du tout de travail utile; quelque chose comme un *tread mill* volontaire et médiocrement fatigant. Il paraît certain que la création des ateliers nationaux ne venait pas de Louis Blanc. L'opinion ne manqua pas de regarder cette bande d'ouvriers comme une bande de prétoriens que Louis Blanc lancerait, au premier jour, sur la Société.

Ces conférences du Luxembourg, qui nous avaient d'abord effrayés furent, pour nous et pour lui, un instrument de salut. Il s'y confina, ou on l'y confina. Le gouvernement ne manifesta de sympathies socialistes que par les conférences du Luxembourg et les ateliers nationaux. Tous ses autres actes furent des actes exclusivement politiques. Je ne parle pas des Invalides du Travail qui ne furent guère qu'une affiche, du million échu de la liste civile *rendu* aux ouvriers, et de quelques décrets mort-nés, tels que celui du 2 mars qui réduisait le travail à onze heures pour la province, et à dix heures pour Paris. Ces décrets portaient la marque d'une improvisation si évidente que les ouvriers ne daignaient pas s'en réjouir et que les bourgeois ne daignaient pas s'en effrayer. On ne jugeait pas le gouvernement provisoire sur ces décisions qui n'étaient, aux yeux du public et à ses propres yeux, que des paraton nerres. Il fit de bonne politique quand l'influence de Lamartine dominait et de mauvaise politique quand celle de Ledru-Rollin avait le dessus. Lamartine, Ledru-Rollin, Louis Blanc, accaparaient toute la popularité ; ce qui montre bien ce qu'elle vaut, car c'est à peine si on se souvenait que François Arago était là. Arago effacé par Ledru-Rollin, ce a dit tout.

Garnier-Pagès, qui était un excellent homme et un bon financier ; Crémieux, grand orateur, grand avocat ; Armand Marrast, à la fois plein d'esprit et de bon sens, ce qui est un rare assemblage, Flocon qui aux manières d'un homme du peuple mal dégrossi joignait beaucoup de sens pratique, pouvaient aller et venir dans les rues de Paris sans attirer l'attention ; mais dès qu'un des trois préférés paraissait quelque part, la foule, par quelque miracle incompréhensible, se trouvait incontinent autour d'eux ; ils ne marchaient qu'escortés de tout un peuple.

Nous étions, il y a cinquante ans, très enclins à l'admiration, ce qui est un bon sentiment. Nous portions parfois l'admiration jusqu'à la folie. Il n'y avait pas toujours de prétexte suffisant pour expliquer cette folie. Quelquefois il n'y en avait pas du tout.

La première idole fut le gouvernement provisoire. Elle ne dura pas sous cette forme collective. Le propre de l'idolâtrie est de s'attacher à une idole unique. C'est un état d'esprit essentiellement concret. On vit bien vite se dessiner deux courants : l'un qui allait à Louis Blanc et l'autre à Lamartine.

Louis Blanc passa du jour au lendemain à l'état d'idole. Dès qu'il paraissait dans la rue, des milliers d'hommes accouraient. On ne lui laissait pas toucher la terre. On le portait sur les épaules, ce qui devait être fort incommode. On le laissa partir pour l'exil, deux mois après, avec une sorte d'indifférence.

La royauté de Lamartine côtoyait celle de Louis Blanc. Ses beaux vers, son caractère chevaleresque, son talent de prosateur et d'orateur entraient pour quelque chose, pour bien peu de chose, dans sa popularité. On l'acclamait parce qu'on savait qu'il n'était ni pour l'organisation du travail avec Louis Blanc, ni pour la politique jacobine avec Ledru-Rollin. Il était, comme Louis Blanc, suivi dans les rues par de grandes troupes qui l'acclamaient avec transport. On ne le portait pas sur les épaules, on n'observait pas de rite dans son église ; mais, dès qu'il s'asseyait quelque part, on lui mettait une couronne de lauriers sur la tête. Les dames pleuraient. Tous ceux qui le suivaient avec tant d'enthousiasme l'auraient jeté à l'eau, quinze jours auparavant, pour avoir écrit son *Histoire des Girondins*, qui a servi de prélude à la Révolution.

Lamartine avait donc son peuple où les femmes dominaient, où tous les rangs se confondaient; le peuple de Ledru-Rollin était plus rude; c'étaient les vieux de la vieille, les républicains éprouvés par des combats et des condamnations, dont les services remontaient au delà de 1830. Tout ce qui de près ou de loin rêvait de rénovation sociale entourait Louis Blanc et le poursuivait de ses acclamations. Ledru-Rollin n'avait pas, à beaucoup près, une cour aussi nombreuse et aussi délirante que celle de ses deux rivaux. Il y avait cette différence entre les foules qui suivaient Lamartine et celles qui suivaient Louis Blanc que Lamartine semblait environné de tout un peuple, et qu'il n'y avait qu'un parti autour de Louis Blanc; mais ce parti était une école, cette école était une église, une église qui poussait des cris assourdissants, qui le portait en triomphe, partout où elle le rencontrait.

J'ai vu ce spectacle sur la place de la Madeleine, sur la place de la Concorde. Je l'ai vu, le 15 mai, dans l'intérieur de la Chambre.

On lui fit payer l'ovation qu'il reçut ce jour-là. Je suis persuadé, pour ma part, qu'il n'avait pas provoqué l'invasion de la Chambre. Quand cette invasion eut lieu, il ne fit mine, à aucun moment, de chercher à la diriger, ou simplement de s'y associer. Les envahisseurs allèrent à lui spontané-ment. Il était alors populaire à un double titre : d'abord de sa popularité et ensuite de l'impopularité de la Chambre et de celle de ses anciens collègues du gouverne-ment. Il essaya de haranguer la foule, mais il lui fut impossible de placer un mot. Les cris de : « Vive Louis Blanc » rem-plissaient l'air. On lui fit faire le tour de l'hémicycle à deux reprises. Je vis, quand il passa devant moi, les efforts qu'il faisait pour échapper à l'ovation qu'on lui infligeait : « Mes amis, écoutez-moi, mes amis, laissez-moi ! » Ils ne le laissèrent que quand la troupe pénétra par toutes les portes et qu'ils furent obligés de songer à leur sûreté. On sait que la Chambre le condamna, quelques jours après, comme fauteur de l'insurrection. Montalembert et moi, qui n'étions certes pas en situation de concerter nos votes, nous votâmes, l'un et l'autre, pour l'absolution ; c'était justice. M. Daragon le fit échapper. Il gagna la Belgique et de là l'Angleterre. Il ne rentra en France qu'après la chute de l'Empire.

Pendant ce long exil ses amis l'oublièrent un peu. Ils avaient à se partager entre Proudhon, Pierre Leroux, Cabet, Considérant ; les dieux présents l'emportèrent sur le dieu absent. Il conserva cependant sa grande renommée dans le monde socialiste ; mais le bruit de ses anciens succès et de ses ovations retentissantes alla en diminuant. Il n'avait jamais eu dans l'Assemblée, où d'ailleurs il ne resta que quelques jours, qu'un rôle très disproportionné à l'influence qu'il exerçait au dehors.

Sa conduite, dans l'émigration, fut très digne. Les Anglais, témoins de sa vie, ne tardèrent pas à lui accorder l'estime due à la probité, à la fidélité et à un travail soutenu. Il était rédacteur du *Temps* depuis l'origine du journal. Il lui envoya des Lettres sur la politique de l'Angleterre qui eurent un grand et légitime succès. Il eut le bon sens d'approprier sa correspondance au caractère du journal pour lequel il écrivait ; rien n'y rappelle le sectaire ; il fait constamment de la politique très française, très libérale et très généreuse. Ces articles recueillis sont un très intéressant document sur la vie anglaise de 1848 à 1866. Il va sans dire qu'il n'abandonnait personnellement aucune de ses doctrines. Quand les portes de la France lui furent rouvertes, il rentra tel qu'il était parti, avec plus de connaissances et d'expérience, avec un style plus mûr et une pensée plus sûre d'elle-même, mais en conservant ses aspirations, ses systèmes, ses haines et ses amours. Le département de la Seine l'envoya à l'Assemblée nationale de 1871. Il y était respecté de ses adversaires parce que sa vie commandait le respect et que son talent l'imposait. Les membres de la gauche le révéraient comme un grand proscrit qui avait été une des principales gloires de la Révolution de février. Il n'essaya plus de tenir école. Il ne fit pas de manifestations socialistes. Il se sépara nettement de la Commune, sans s'associer aux colères qu'elle suscitait. Il vivait à Paris, très retiré, très isolé. Il était toujours grand homme et chef de secte, mais, chez lui, et, pour ainsi dire, à huis-clos. A l'Assemblée, on ne lui connaissait qu'un disciple, qui était M. Naquet. Il usa très peu de la tribune. Il pensa apparemment que l'assemblée de Versailles n'était pas un auditoire fait pour lui. Il n'aurait pas été écouté ; il n'aurait pas été compris. Il y a une éloquence éternelle qui est une des formes les plus parfaites de l'art humain ; et une éloquence d'ordre inférieur qui produit des effets merveilleux dans le milieu où elle est née, et qui n'est comprise et puissante qu'en ce lieu et à cette heure. Ledru-Rollin en fit l'épreuve. Il monta à la tribune de Versailles où il excita un étonnement voisin d'une sorte de dédain. Louis Blanc fut plus sage. Il resta dans son obscurité, on pourrait dire dans son coin où on l'oublia de plus en plus. Un oubli mêlé de respect. Il s'abstenait, par fierté, si je ne me trompe, d'assister aux conciliabules des députés. On le voyait arriver de Paris, à l'heure dite, car il était fidèle au devoir, et monter la rue des Réservoirs accompagné de M. Naquet et quelquefois, mais rarement, de deux ou trois autres amis. Il s'asseyait à son banc, n'adressait la parole à personne, répon-

dant avec affabilité à ceux qui lui parlaient,
et montrant néanmoins, dans ses gestes et
dans ses propos, qu'il sentait profondément ce qu'il était. Sa mort n'a pas fait de
sensation ; il a simplement disparu. Son
frère Charles l'avait précédé. Ce grand et
long silence, succédant à une popularité si
brillante, n'est pas une des moindres singularités de l'histoire de notre temps.

CHARRAS

————

Au moment où nous fumes élus députés
de la Seine, en 1863, quelques-uns de nos
amis étaient encore en exil. J'en citerai
trois : Charras, Edgar-Quinet et Victor
Hugo.

Ils y étaient volontairement, car ils auraient pu rentrer en France en profitant de
l'amnistie.

Le parti républicain s'était trouvé divisé,
aussitôt après le coup d'État, par deux questions qui semblaient n'en faire qu'une
seule, et qui étaient fort distinctes : l'une,

mystique : le serment ; l'autre, politique :
l'abstention.

Charras n'était pas fort troublé par les
questions mystiques, ni, en général, par la
philosophie. C'était, en 1851, un homme
d'une quarantaine d'années, maigre comme
un cent de vieux clous, avec une figure
énergique, toujours correctement vêtu en
civil, bien aise d'être agréable aux dames,
franc du collier avec les hommes et n'ayant
en tête que deux idées : la Guerre et la
République.

Il était élève de l'École Polytechnique,
sorti dans l'artillerie. Il avait fait le coup
de feu en 1830, et s'était ensuite attardé
pour écrire dans le *National*. On le fit
songer à sa carrière, au nom qu'il portait
(il était fils du général Charras), et il partit
pour l'Algérie comme officier d'infanterie.
Ses opinions, fort peu déguisées, ne l'em-
pêchèrent pas d'arriver rapidement au
grade de chef de bataillon. La révolution
de Février le fit lieutenant-colonel, sous-

secrétaire d'État de la guerre et représentant du peuple. On lui offrit le grade de
colonel qu'il refusa.

En quittant la place qu'il occupait au
ministère, il était rentré au *National*,
mais cette fois comme rédacteur habituel.
C'était un journaliste de l'école d'Armand
Carrel, esprit très sûr, plume très aigui-
sée, plus enclin à la critique qu'à l'apo-
logie. Je sais par une longue expérience,
dont le souvenir m'est très cher, que ses
amis avaient cent raisons de l'aimer, et je
crois que ses ennemis avaient quelques
raisons de le craindre.

Il fut empoigné au 2 Décembre comme
un malfaiteur et jeté à la frontière. Depuis
ce temps, il ne décolérait pas.

Je ne sais s'il aurait jamais oublié l'af-
front personnel ; je ne le crois pas ; mais
tous ses amis jetés en exil, ceux qui restaient en France, chassés de leurs emplois,
surveillés et traqués comme des criminels,
quelques-uns privés de tout moyen d'exis-

tence ; la représentation nationale dispersée, puis bientôt remplacée par de faux députés nommés dans les bureaux et les antichambres ; les commissions mixtes ; les scandales financiers et les scandales d'une autre nature ; la religion invoquée pour bénir tout cela ; la presse indépendante, celle du moins qui voulait l'être, muselée et rançonnée, la presse officieuse avilie par d'audacieux mensonges ; toute cette comédie, toute cette tragédie lui soulevaient le cœur. Il eut, comme Victor Hugo, comme Louis Blanc, la gloire d'être exilé de son exil. On le chassa de Bruxelles à La Haye, de La Haye à Bâle, de Bâle à Zurich.

J'allai le voir partout, tantôt avec Barni, tantôt avec Lamoricière, tantôt avec Chauffour dont il était devenu le beau-frère par un mariage qui fut pour nous tous une joie profonde. J'étais chez lui à Zurich au moment de la seconde amnistie. Il s'enferma aussitôt dans sa chambre pour écrire aux persistants de l'exil une lettre passionnée, où il les suppliait d'attendre, pour rentrer, que la France fût habitable, c'est-à-dire républicaine. C'était d'une politique assez étroite qui servait la cause de l'ennemi, mais la colère ne raisonne pas. Nous passâmes la nuit à faire des copies de sa circulaire. Ce travail mécanique le soulagea. « Sans cela, nous dit-il, j'allais étouffer. »

On devine ce qu'il pensait du serment. On ne put jamais lui faire comprendre qu'il n'y avait pas lieu d'appliquer la même politique en 1852 et en 1863. L'exemple des Cinq resta pour lui non avenu. Il ne voulut faire aucune différence entre ceux qui avaient prêté serment pour garder leur place et ceux qui le prêtaient sur l'ordre du suffrage universel, pour monter sur la brèche. Il mourut en 1865, avec toute sa colère. Ce fut un intransigeant de l'honneur.

Il laisse, après lui, une œuvre digne de son talent et de sa vie et qui s'appelle *Waterloo*.

GARNIER-PAGÈS

Caro me disait un jour : « Il y a les grands et les petits académiciens. » Il se mettait, à tort, dans les petits. « On se souviendra de nos noms pendant vingt ans et de nos œuvres pendant deux ans ». — « C'est déjà bien beau », ajoutait-il.

C'est encore plus vrai pour les députés que pour les académiciens. Les discours de tribune font du bruit le jour où ils ont été prononcés et quelquefois le lendemain. Le surlendemain, l'orateur est seul à se rappeler qu'il a parlé. Il dit : « Mon dis-

cours! Mon argument! » Son voisin
l'écoute et sourit. On se passe ces excès de
vanité dans une Chambre. Qui n'a pas fait
son discours, son interruption? Ceux qui
ne sont pas montés à la tribune ont eu un
jour de l'éloquence dans leur bureau.

Il y a trois choses à considérer dans un
homme : ce qu'il veut être, ce qu'il croit
être, ce qu'il est.

Garnier-Pagès voulait être, tout à la fois,
un grand homme d'État, un grand orateur
et un grand historien. C'est un mérite de
viser très haut. Il ne faut pas non plus
viser trop haut, ni se croire arrivé au
sommet, quand on est fait pour rester à
moitié route. Disons-le avec franchise :
notre ami, qui avait beaucoup de mérite,
avait aussi quelques illusions. On n'en souffrait pas autour de lui, car il avait autant
d'orgueil pour ses amis que pour lui-même.

Je reconnais que ses contemporains eux-
mêmes ne l'ont jamais placé qu'au second
rang. En cela, ils ne lui rendaient pas

pleine justice. Il avait de grandes qualités
et, peut-être, quelques ridicules. C'était
pourtant, malgre cette injustice, un personnage. Je ne vous raconterai pas sa vie;
mais je veux vous dire l'histoire de sa
vingtième année.

L'histoire de sa vingtième année! Ga-
geons que vous croyez que c'est une histoire d'amour. Vous n'y êtes pas. Il n'y a
pas d'autre histoire d'amour dans la vie de
Garnier-Pagès que l'histoire de son mariage, et c'est l'histoire de César, laquelle
n'en est pas une : *Veni, vidi, vici.*

Il faut d'abord que vous sachiez que
Garnier-Pagès, jusqu'à la vingtième année, était connu sous le nom de Pagès,
qui est son vrai nom. Il était fils de
M. Simon Pagès, ancien professeur de
rhétorique à Sorèze, devenu maître de
pension à Marseille. Il avait un frère aîné,
qu'il aimait tendrement, et qu'on appelait Pagès comme lui. Les deux enfants
avaient le cœur sensible. Ils s'aimaient et

17

ils aimaient leurs parents d'un élan passionné.

Quand vint, pour l'aîné, le moment de tirer au sort, l'émotion de M. et de Mme Pagès parut extrème. Les fils, s'ils avaient osé concevoir un léger blâme, l'auraient trouvée exagérée. On n'était plus sous l'Empire, il n'y avait plus disette d'hommes, il s'agissait, tout uniment, d'acheter un remplaçant.

La veille du jour tant redouté, l'aîné des frères (ce n'est pas celui dont je parle), fut appelé dans le cabinet de M. Pagès, et là, pressé dans les bras de sa mère et inondé de ses larmes, il apprit un secret qu'on avait eu le tort et l'imprudence de lui cacher; c'est qu'il était issu d'un premier mariage de sa mère, que le nom de Pagès ne lui appartenait pas et qu'il s'appelait Garnier. Mme Garnier, restée veuve et sans ressources avec un enfant, avait épousé M. Pagès, moins pour elle que pour assurer à son fils les bienfaits de l'éducation. Quand l'enfant commença à balbutier, M. Pagès se laissa donner par lui le nom de père. Il en avait les sentiments. L'enfant ne connaissait pas d'autre père que celui-là. Un frère survint et cela fit les deux enfants de M. Pagès qui ne les sépara jamais dans ses soins ni dans son amour.

Bien souvent il dit à sa femme : « Il faudrait les prévenir. » Mais elle lui fermait la bouche avec un baiser. Il lui semblait que révéler cette fraude pieuse, ce serait déshériter ce pauvre aîné, qui se trouverait n'avoir plus de père. Elle n'osa pas ; il n'osa pas. Il n'y avait aucune spoliation, puisque les parents ne possédaient d'autre fortune que leur cœur, et ce cœur, ils le donnaient sans réserve à leurs deux enfants.

J'ai déjà dit que les enfants, de leur côté, avaient, l'un pour l'autre, une amitié passionnée. Cette amitié que M. et Mme Pagès avaient vue, jusque-là, avec tant de bonheur, devint pour eux, à cette heure

solennelle, une cause de tristesse et même
d'effroi. La scène entre le jeune Garnier et
ses parents, dont l'un allait cesser de l'être,
fut extrêmement douloureuse. Le jeune
homme refusait de comprendre ; il fallut
que le récit fut recommencé par Mme Pagès, et, une fois encore, par son mari. Il
entendait les mots sans les comprendre,
ou plutôt il comprenait seulement que son
père n'était pas son père, que son frère
n'était pas son frère. Il fallut revenir sur
ce dernier point, et lui répéter cent fois
que son frère, au moins, lui restait. Il trouvait que quelque chose était rompu dans le
lien qui les unissait ; puis sa pensée se
reportait sur son père, qu'il perdait bien
réellement. « Et toi ! disait-il. Et... vous ! »
M. Pagès lui répétait, à travers ses larmes,
qu'il serait toujours son fils, et que ses
deux fils ne seraient jamais séparés dans
sa tendresse.

L'autre, le plus jeune, attendait, dans

une anxiété qui s'accroissait par la prolongation de l'entrevue. « Que je ne le voie pas encore! disait l'aîné. — Quand tu voudras, mon enfant. — Je vais lui briser le cœur. — Non, reste avec ta mère. Je vais le préparer, lui parler. — Oh! que vous êtes bon! — Veux-tu que ce soit moi? dit la mère. — Oh! mère, tu souffrirais trop. » Puis tout à coup : « Pas de lâcheté! Ce sera moi. » On insista; il ne voulut rien écouter. Il pria seulement ses parents de se retirer; et, entrant dans la chambre voisine, où son frère l'attendait, il le prit brusquement par la main, et l'entraîna avec lui au second étage en le tenant toujours, et, pour ainsi dire, en le traînant dans une pièce qui leur était commune, et où leur vie entière s'était passée. Là, il se jeta dans ses bras en poussant des sanglots, et en essayant inutilement de prononcer une parole.

L'accès dura fort longtemps. Enfin le secret se fit jour. Vous pensez comme il fut reçu. Ils restèrent là deux heures à se lamenter, à s'embrasser. Jamais il n'y eut pareille surprise, ni pareil déchirement. Ils se disaient l'un à l'autre, en pensant au père et à la mère : « Il faut aller les consoler. » Mais ils avaient toujours une nouvelle plainte à exhaler, une nouvelle caresse à se faire. Et puis, ils se dirent qu'ils ne devaient pas causer avec leurs parents avant de se sentir parfaitement calmes et maîtres d'eux-mêmes. Mme Pagès n'était pas en état de subir une seconde scène pareille à la première qui avait eu lieu. Elle s'accablait de reproches, et son mari ne parvenait pas à la consoler. Il s'accusait lui-même, et disait, avec raison, qu'il aurait dû être le plus clairvoyant et le plus raisonnable.

Toute cette famille était admirable par ses habitudes de vie intérieure, de travail, de désintéressement et surtout par l'amitié qui unissait tous ses membres. Il y avait, dans la façon dont cette amitié s'exprimait, une pointe d'exagération qui sentait le Marseillais.

Les deux frères entrèrent dans le cabinet, après cette longue conférence de deux heures à laquelle ils n'avaient admis personne. Ils se tenaient par le bras. Madame voulut parler, Monsieur se hâta d'approcher deux sièges, mais l'aîné déclara qu'ils parleraient seuls et qu'ils resteraient debout. Il dit, avec sa douceur et sa bonté ordinaires, qu'il voulait terminer promptement cette affaire pénible pour que ses parents n'eussent plus à y penser. « Si vous approuvez nos résolutions, dit-il, ce serait une chose convenue pour nous tous et pour toujours. »

Le résultat de leurs délibérations était qu'ils n'avaient pu se résoudre à avoir chacun un nom différent. L'aîné, qui avait toujours été appelé Pagès, ne voulait pas être appelé Garnier. Il voulait toujours être appelé Pagès, comme son père, dit-il, en appuyant sur le mot, comme son père, sa

mère et son frère. Il joindrait les deux
noms, comme il arrive quand un mari
ajoute au sien le nom de sa femme ; son
frère en ferait autant et ce nouveau nom,
auquel il n'avait aucun droit, lui serait cher
à cause du motif qui le lui faisait prendre.
A partir de ce moment, ils s'appelleraient,
tous les deux, Garnier-Pagès. Le père et la
mère approuvèrent avec enthousiasme, et
les deux frères, les deux amis, portèrent
depuis le nom de Garnier-Pagès, qu'ils
rendirent doublement illustre.

Le reste de leurs arrangements était de
la plus grande simplicité. Ils prenaient la
résolution de mettre leurs intérêts en
commun, suppliant leur père et leur mère
de ne pas déranger leur plan par des stipu-
lations testamentaires. M. et Mme Pagès en
firent la promesse. Cela ne leur serait pas
difficile, puisqu'ils n'avaient rien à donner.

Le frère de Garnier-Pagès, que je devrais
plutôt appeler Garnier, n'était qu'un garçon
de vingt ans quand il entra dans le cabinet

de celui qu'il voulait toujours appeler son père, le jour de la grande scène de tragédie que je vous ai racontée. Personne alors, excepté lui peut-être, ne prévoyait ses grandes destinées. Il passait pourtant pour l'aigle de la famille. M. Pagès, qui n'était pas aveuglé par ses sentiments paternels, le regardait comme très supérieur à son propre fils, et disait, dans ses moments d'exaltation : « Il sera inspecteur d'Académie ! » Ce futur inspecteur n'était encore qu'un garçon aimable, très gai, très expansif, beaucoup plus petit garçon qu'on ne l'est à son âge, parce qu'il avait été constamment tenu sous la férule du maître de pension. Mais il était émancipé, ce jour-là, par le sentiment du grand rôle qu'il se sentait appelé à jouer dans cette scène de famille, à côté de son frère cadet. Pour celui-ci, qui n'avait encore que dix-huit ans, il se sentait grandi d'une coudée. Il avait déjà le goût, ou, si vous voulez, l'instinct de la solennité qui l'a poursuivi toute sa vie.

N'est-ce pas que cette historiette valait
la peine d'être dite ? Il y a peu de politiciens et de financiers qui aient débuté de la
sorte. La suite fut plus touchante encore.
J'ai dit que M. et Mme Pagès ne faisaient
pas de distinction entre leurs deux enfants ;
cela signifie qu'ils les aimaient également,
mais ils ne les comparaient pas. Ils regardaient le plus jeune comme un garçon
assez instruit, doué d'un certain bon sens,
et qui pouvait réussir dans le commerce, à
force de persévérance et de travail ; mais
l'aîné, qui avait raflé les plus beaux prix en
rhétorique, pouvait arriver à tout. C'était
aussi l'opinion des deux frères, qui pensaient
à l'unanimité que cet aîné était une merveille. Il ne s'agissait pas pour eux d'un
inspecteur d'Académie. Ma foi ! la ville de
Marseille était bien heureuse de l'avoir
formé dans son sein, et la Provence, qui
n'avait encore qu'un Mirabeau, allait, pour
le coup, en avoir deux.

Mais Garnier-Pagès, le nôtre, tout en

reconnaissant la supériorité de son frère, ne passait pas condamnation sur sa propre indignité. Il avait un supérieur, il en convenait et même avec joie ; mais il se disait secrètement qu'il n'en avait qu'un. Quand son frère développait devant lui ses plans d'ambition, il enchérissait sur tous les points ; il ne parlait jamais de sa propre destinée. Si son frère en parlait, c'était pour le représenter comme un grand commerçant, un gros richard, qui répandrait ses bienfaits sur toute sa famille. Ce refrain revenait sans cesse : « Tu donneras une voiture à ta mère... Nous te devrons la paix de nos vieux jours... Tu dispenseras ton frère de tous les soucis, pour qu'il pense uniquement à sa belle carrière... » « Oui, disait, en lui-même, Garnier-Pagès, je ferai tout cela. Je serai la providence de la famille, comme mon frère en sera la gloire. Mais quel malheur que je sois obligé de leur gagner de l'argent, et que je ne puisse pas, de mon côté, prendre mon essor ! » Quand il entra dans une maison de commerce, pour apprendre le métier qui devait enrichir toute la famille, il se frappa le front en disant comme André Chénier : « Il y avait quelque chose là! » Il n'en fit pas moins son sacrifice, et personne ne sut à quel point il était méritoire. Père, mère, frère, amis, concitoyens, tous pensaient qu'il était né pour faire du courtage, et pour y trouver son bonheur.

Le frère écrivit et parla ; il devint député ; il vécut d'une pension que le généreux courtier de commerce fournissait largement ; il put, selon le programme arrêté d'un commun accord, se consacrer uniquement à ses travaux de député ; il y acquit de la réputation, presque de la gloire. Il devint un des chefs de l'opposition la plus avancée, redouté par les ministres, admiré et estimé par ses collègues, idole des républicains qui comptaient fermement sur lui et se montraient également fiers de son talent et de sa conduite.

Mais qui était le plus fier de ce beau talent et de cette conduite puritaine? Qui s'en vantait avec la joie la plus naïve? Qui félicitait le grand homme avec le plus de sincérité et d'effusion? C'était l'autre là-bas, l'homme de peine, le pourvoyeur dans sa boutique, qui, grâce à Dieu, prospérait! Il poussait bien un soupir, quand il constatait le désordre des finances publiques. Il sentait quelques démangeaisons d'exprimer son courroux quand M. Thiers faisait des siennes ou que M. Guizot donnait des gages à la réaction.

Il avait aussi certains moments amers quand il regrettait de ne pouvoir prêcher la Passion à Notre-Dame.

— J'aurais été superbe, disait-il. Mais il repoussait tout cela, comme un chrétien repousse les doutes qui naissent involontairement au fond de son esprit. Il résistait de toutes ses forces à la tentation. « Ne suis-je pas heureux, disait-il, puisque mon frère est heureux et glorieux? N'est-ce

pas pour lui que j'ai été créé et mis au
monde? C'est lui qui illustre le nom de Garnier-Pagès, mais c'est moi qui l'ai inventé.
Il mènera la République au port. Il est le
capitaine du navire; mais je suis à la fois
l'armateur et l'équipage. Nous servons ensemble nos idées et notre pays. »

Il persévéra jusqu'à la fin. Jamais l'aîné
des Garnier-Pagès ne connut les regrets que
son frère éprouvait pour lui-même. Il
mourut tout jeune, au milieu de ses
succès. Ce fut, pour le survivant, un profond désespoir. Il renonça au commerce
qu'il n'avait jamais aimé. « Pour qui tra-
vaillerais-je désormais? dit-il. Ce que j'ai
me suffit. » L'idée de ne pas laisser tomber
le nom et l'influence de Garnier-Pagès lui
vint aisément après les premiers et longs
chagrins. Il entra, à son tour, à la Chambre
des députés. Là, comme dans sa famille, on
le déclara unanimement inférieur à son
frère. On l'appela le frère de Garnier-Pagès,
et il fut le frère de Garnier-Pagès toute sa

vie. L'était-il vraiment autant que cela?

Il a été député pendant une trentaine d'années, deux fois ministre des Finances, deux fois membre d'un gouvernement provisoire ; il a été compté toute sa vie parmi les orateurs écoutés ; il laisse plus de douze volumes in-8° ; il a été lié, en France et hors de France, avec les hommes les plus illustres de son temps.

Il devint *l'homme du budget* dans l'opposition ; c'est un poste difficile à tenir et il le tenait très bien. Il connaissait le budget et l'histoire des budgets ; il était entendu en finances. Il était la droiture et la probité mêmes, les deux premières qualités d'un financier.

Je me souviens que Cousin, qui était bon juge du mérite en tous genres et qui était rempli de préjugés contre Garnier-Pagès parce qu'il en avait contre tous les républicains, changea complètement d'opinion après avoir passé une saison avec lui à Cannes. « Il faut faire exception pour celui-là, disait-il. Celui-là est un homme. Il m'a appris les finances. » Si Garnier-Pagès n'avait pas rendu d'autres services !

Ses discours étaient interminables, mais ils étaient toujours instructifs. Détail curieux : en toute autre matière, il appartenait aux utopies ; en finances, il était la sagesse même, aussi prudent que sensé et courageux. Appelé deux fois au pouvoir, il se rendit très utile pour le gouvernement des finances ; en même temps qu'il acquérait, en tout le reste, une sorte de réputation de... rêveur, facile à entraîner et à tromper. Cette dernière réputation ne lui déplaisait pas trop. Il la prenait du bon côté.

Il avait certaines opinions qui perdent un homme dans l'esprit des grands hommes : il croyait à la fraternité des peuples, à l'avènement futur de la République ; il demandait l'abolition de la peine de mort, la liberté de la presse, la liberté de la conscience humaine. Il voulait l'instruction obligatoire et le service obligatoire remplaçant les armées permanentes. Ces façons de voir extraordinaires auraient suffi pour le rendre ridicule ! j'en sais quelque chose par ma propre expérience.

Rien n'égalait le ravissement où il était plongé quand il descendait de la tribune : « Il n'y avait pas un mot à répondre », nous disait-il.

Un jour que la police faisait faire chez lui des perquisitions qui n'aboutirent à rien, (il ne conspirait qu'en faveur de la paix universelle) nous accourûmes tous pour lui donner une preuve de notre amitié. Il fit un discours digne des Gracques au pauvre commissaire qui se confondait en excuses et en civilités, et arpenta ensuite son salon, pendant près d'une heure, en portant sans cesse sous le bras son ancien portefeuille en maroquin rouge sur lequel les mots : *Ministre des Finances* étincelaient en lettres d'or.

Il avait une manière de s'habiller qui n'appartenait qu'à lui, non pas pour ses vêtements, mais pour sa figure. Ses vêtements venaient, comme ils pouvaient, de la *Belle Jardinière*, et il ne daignait pas même y penser; mais sa figure était encadrée par de longs cheveux plats, et dans un collier à la mode de 1830, qui descendait, sans qu'on s'en aperçût, jusqu'au milieu de sa poitrine; je dis : sans qu'on s'en aperçût, parce qu'il mettait sa cravate par dessus et non par dessous sa barbe. Cette figure était toute petite, toute pâle, avec des yeux toujours souriants, et elle était placée, comme un bouquet de fleurs un peu ternies, un peu défraîchies, dans un immense col de chemise, qui paraissait être en fer blanc et qui lui coupait les oreilles.

Un jour que Lamartine parlait, entouré du gouvernement provisoire, Garnier-Pagès, qui se croyait le plus éloquent, parlait en même temps que lui, et s'efforçait de couvrir sa voix. Un gavroche lui cria : « Si tu ne te tais pas, je vais arroser ton bouquet. » Le mot était si drôle et la comparaison du bouquet si bien trouvée que personne ne put garder son sang-froid.

Je l'ai entendu faire d'excellents discours sur les finances, très savants, très sensés, très clairs, auxquels il cousait de malheureuses tirades prudhommesques dont il tirait vanité et dont on ne pouvait s'empêcher de sourire. Si vous l'aviez consulté, au moment de sa mort, sur ce qui attendait sa mémoire, il vous aurait déclaré avec douceur et sécurité qu'il laissait un nom immortel.

Il me demanda un jour s'il pouvait se présenter comme candidat à l'Académie française avec quelques chances de succès. Je lui dis que non; il en fut surpris :

« Thiers en est bien. »

Vous pensez, peut-être, qu'il avait un autre nom sur les lèvres et qu'il s'arrêtait par politesse. Détrompez-vous. Il me prenait, de bonne foi, pour un grand orateur; et c'était encore un de ses ridicules. Nous avions, lui et moi, sur M. Thiers, la supériorité d'être de bons et anciens républicains.

J'essayai de lui démontrer qu'entre Thiers et lui il y avait quelque différence. « Tu m'étonnes, me dit-il. Comme historien et comme orateur, je suis au moins son égal. Et comme homme d'État !... »

La comparaison me fit sourire. Mais je n'en pense pas moins que nous sommes ingrats pour Garnier-Pagès, qu'il nous a beaucoup servis, beaucoup honorés, et que nous l'avons très injustement oublié et abandonné. Paris ne l'a pas réélu après 1871 ; l'Assemblée ne l'a pas nommé Sénateur inamovible. A son éternel honneur, cet ancien ministre des finances, qui était un homme d'affaires consommé, est mort pauvre.

GLAIS-BIZOIN

———

Vous souvenez-vous de Glais-Bizoin qui
était, il y a vingt-cinq ans, un des hommes
les plus populaires de Paris ? C'est à peine
si l'on parle encore de lui à Saint-Brieuc.

Glais-Bizoin était un vieil homme, né en
1800, et un vieux député, puisque sa première élection remontait à 1830.

Il avait beaucoup d'esprit et de présence
d'esprit. Comme il était hors d'état de
prendre rang parmi les orateurs, il devait
sa notoriété, sous Louis-Philippe, à l'habileté qu'il déployait dans les cabales parlementaires. Il était à la tête des petits com-

plots qui composaient la vie quotidienne,
s'effaçait un peu dans les grandes crises,
pour laisser la place aux premiers rôles. On
le respectait ; car on le savait inflexible dans
ses idées, quoique fertile en expédients.

Il était, d'ailleurs, en toute occasion, prêt
à donner ou à recevoir un coup d'épée. Ce
n'était pas un général, mais c'était un
batailleur et un finaud tout à la fois. Il
était de l'opposition et il en épousait toutes
les rancunes et tous les préjugés ; cependant le bon sens prenait le dessus dans
les occasions exceptionnelles. Il n'était
brouillon et agité que dans les niaiseries ;
grand patriote, grand ami des pauvres et
des persécutés, libéral sincère, ennemi très
dangereux, ami très sûr.

Il faut faire trois parts de sa vie politique. Pendant tout le règne de Louis-Philippe, il fut un membre laborieux et
modeste de l'extrême gauche. Il changea
de place, sans changer d'opinion, sous la
seconde République parce que son parti

se trouva relégué au second plan par l'avènement des montagnards. Il avait, dans cette période de sa vie, une pointe d'originalité que je crois pouvoir expliquer ainsi : il était un peu Breton à Paris et un peu Parisien à Loudéac. Il avait compris, dès le premier jour, què ce qu'il avait de mieux à faire pour la politique générale était de se mettre aux ordres de ses officiers supérieurs et de leur rendre dans les bureaux, dans les commissions et dans les journaux tous les services d'un aide de camp zélé et fidèle.

On voulut un jour faire annuler l'élection de Glais-Bizoin pour une question de parapluies.

A Saint-Brieuc, le marché aux poissons se tient sur une place située entre la préfecture et la cathédrale. Les pauvres femmes étaient là, sans abri, exposées au vent de la mer qui s'engouffrait dans les rues latérales. Glais-Bizoin eut pitié d'elles et leur fit cadeau de grands parapluies de coton rouge. Il paya ces parapluies dix francs et en acheta vingt-cinq. On essaya de faire de cela une manœuvre électorale.

Il résulta d'une enquête sommaire que, sur les vingt-cinq privilégiées, cinq étaient veuves sans enfant majeur et quinze avaient leurs maris à Terre-Neuve. Il vint d'ailleurs, de tous les côtés, la preuve que Glais-Bizoin donnait des secours en abondance, avant d'être député et avant de donner des parapluies; de sorte que tout finit par un éclat de rire.

Je ne voudrais pas répondre qu'il n'y ait jamais eu de contrebande dans sa politique électorale. Il était Breton, mais il était un peu Gascon. Il nous disait que tout était de bonne guerre avec le gouvernement qui nous faisait une guerre si déloyale.

Un certain jour de vote, c'était du temps du suffrage restreint, il y avait dans le bourg de L... sept électeurs et douze chevaux, sans autre moyen de locomotion. Quatre électeurs étaient des infirmes et des vieillards incapables d'aller à pied jusqu'au chef-lieu de l'arrondissement. Les douze chevaux se trouvèrent loués, dès la veille, par des saulniers et des sabotiers, qui n'avaient pas besoin de tant d'équipages et n'étaient que les prête-noms du candidat. Le candidat n'était pas Glais-Bizoin, mais c'était un ami de Glais-Bizoin, et c'était une bête. On dit de tous les côtés : il n'aurait pas trouvé cela tout seul. Ce coup-ci était plus fort que celui des parapluies. Il décida du vote, qui eut lieu à quatre voix de majorité.

Il fut élu au Corps législatif, sous l'Empire, en 1863, et vota constamment avec l'opposition. Quand il y entra, il se souvint qu'il avait de l'esprit et il se mit à s'en servir dans la Chambre, ce qu'il n'avait fait auparavant que dans les salons. Le moment le plus propice pour montrer l'esprit qu'on a est celui où il est défendu de parler, parce que cette interdiction et cette menace donnent aux moindres mots le mérite du

sous-entendu et le prestige du courage.
On colportait partout les mots de Glais-
Bizoin ; on les préférait à de longs discours.
Comme il avait autant de bons sens que
d'esprit, et qu'on le savait homme de cœur
et d'honneur, on riait de ses mots sans rire
de lui.

Quatre ou cinq réparties heureuses, qui
furent répétées et prônées partout, le mirent
en goût. Il fit des interruptions au lieu de
discours et devint promptement populaire
dans les faubourgs. Il l'était un peu partout.
On répétait ses bons mots, on les admirait
au delà de leur valeur. On lui tenait compte
de son courage, qui était réel. Ce petit
homme maigre et fluet qui n'avait l'air de
rien, tenait tête au Président et à la majorité avec une tranquillité superbe.

Il eut le malheur de faire une comédie
et la faiblesse de la trouver bonne. Elle ne
pouvait être jouée à Paris, sous l'Empire.
Je ne sais pas bien sous quel régime elle
aurait pu être jouée, ou même lue jusqu'au

bout par un comité de lecture. Il prit un
grand parti. Il la fit représenter à Genève, à
ses frais, et comme il voulait avoir un auditoire de Parisiens, l'auditoire des premières représentations, il empila les critiques de théâtre et les hommes politiques
dans un train de luxe, dont il fit aussi les
frais et les transporta à Genève où il les
régala d'un bon dîner et d'une mauvaise
pièce. Il fit sauter ses écus en cette occasion. Ce fut son heure héroïque. On ne
parla que de lui pendant huit jours. La
pièce s'appelait : *Le vrai courage.*

Il se trouva tout à coup, en 1870, membre
du Gouvernement, et, tout à coup aussi, en
1871, sur le pavé.

Il ne faut pas parler de son rôle dans la
délégation de Tours et Bordeaux. Gambetta
fit un tel bruit et exerça un tel ascendant,
que ses collègues furent réduits au rôle de
figurants, comme autrefois, toutes propor-
tions gardées, Lebrun et Cambacérès sous

le premier Consul. Il avait tenu une assez
grande place à la Chambre ; il n'en tint
aucune dans le Gouvernement, et, quand
la délégation dont il faisait partie nomina-
lement eut cessé d'exister, il sembla à
tout le monde que lui-même n'existait plus.
Il ne fut réélu ni à Paris, ni dans les Côtes-
du-Nord. Il n'essaya même pas de se rappeler à ses amis de Paris. Il resta là-bas,
dans son coin, continuant à faire du bien à
des ingrats et ne pouvant se consoler des
malheurs de la France.

La France se montra ingrate pour les
membres du Gouvernement de la Défense.
Elle glorifia Gambetta et fit porter aux autres
le poids de nos malheurs. Les fidèles compagnons, les dociles auxiliaires de Gambetta à Tours et à Bordeaux, loin de partager son triomphe, furent les plus mal-
traités de tous. Ni Crémieux, ni Glais-
Bizoin ne furent réélus.

Glais-Bizoin n'eut pas même la consolation de se sentir chef d'une minorité dans

son département ou d'être recueilli par ses anciens amis restés au pouvoir. Voyant qu'il n'avait plus rien à faire, il mourut. Il mourut, on peut l'affirmer, de chagrin patriotique et d'inaction. Personne d'entre nous ne put aller lui dire le dernier adieu. Il disparut à la fois de la vie et du souvenir : triste récompense pour cinquante années de lutte courageuse, de travail opiniâtre et de dévouement sans limite à son parti et à ses amis !

TAINE

Les grands hommes sont comme les hautes montagnes dont on ne se fait une idée juste qu'à quelque distance.

Taine a écrit et pensé sur toutes choses : sur la nature, sur l'art, sur l'art de penser, sur la métaphysique, sur la politique, sur l'histoire. Ses livres sont si nombreux et si variés, qu'ils suffiraient à faire la gloire de plusieurs écrivains en des genres différents.

Pour les apprécier à leur juste valeur et se tenir à l'abri d'une admiration outrée ou

du dénigrement, il faudrait une étude
longue et approfondie, un sang-froid que
ne sauraient avoir trop près de sa mort ni
les amis ni les ennemis.

Il peut sembler étonnant d'entendre
parler des ennemis de Taine. Il poursuivait son œuvre d'historien et de philosophe
sans regarder les faits contemporains et
sans même y songer. Ses idées ou ses découvertes étaient favorables tantôt à un
parti et tantôt à un autre parce qu'il n'appartenait lui-même à aucun parti : il cherchait la vérité et il la disait avec une
loyauté et une indépendance qui éclatent
dans toutes ses pages. Mais ce n'est pas
une consolation, pour une âme blessée, de
savoir que la main qui le frappe n'est
poussée par aucun sentiment de haine.
Pour se convaincre que Taine avait des
ennemis, il suffit de lire la page éloquente
et cruelle que le prince Napoléon lui a consacrée.

Il y a des écrivains qui se prodiguent et

des écrivains qui se réservent. Les premiers livrent leur pensée au public avant de l'avoir mûrie ; les seconds la méditent si longuement et si profondément, qu'ils produisent peu. Taine est du petit nombre de ceux qui produisent beaucoup sans produire hâtivement. Il a fait beaucoup de livres, et tous ses livres sont longuement et soigneusement préparés. On a dit de certains journalistes qu'ils ont *écrit* toute leur vie, de certains historiens qu'ils ont *trouvé* toute leur vie! il faut dire de Taine qu'il a écrit, trouvé et pensé toute sa vie. Chacune de ses phrases exprime une doctrine et crée à celui qui l'a écrite des admirateurs ou des adversaires. Il n'est pas de ceux qui amusent ou intéressent le lecteur; il est de ceux qui le passionnent.

Il faut qu'on dise comme le plus grand nombre : « C'est un esprit de premier ordre », ou comme le prince Napoléon : « C'est un pamphlétaire ».

Il a été placé, dès sa première jeunesse,

entre ces deux alternatives. J'ai été son
maître à l'École Normale, comme peuvent
le savoir ceux qui ont lu son livre sur les
*Philosophes français du dix-neuvième
siècle*. Il était contemporain d'About et de
Francisque Sarcey. Sarcey n'a développé
qu'avec le temps les rares qualités qui
étaient en lui. About et Taine étaient déjà
About et Taine avant d'avoir vingt ans. Les
professeurs se réunissaient chaque mois
pour échanger leurs appréciations sur les
élèves. Taine et About se partageaient les
suffrages, mais ceux qui donnaient à Taine
la préférence, rendaient justice aux dons
heureux et à la brillante facilité d'Edmond
About ; au contraire, ceux qui faisaient
d'About leur idole et qui disaient en parlant de ses compositions : « C'est Voltaire
dans ses meilleurs jours », étaient pour
Taine de la plus étonnante sévérité. Si je
disais leurs jugements, on ne voudrait pas
me croire.

Je me hasarderai pourtant à en donner

un, parce qu'il est plaisant par son extrava-
gance même.

J'avais été, il faut bien le dire, impartial
entre les deux rivaux pendant leur séjour
à l'école, et j'étais resté, après leur départ,
ami de l'un et de l'autre ; de Taine surtout, parce que About me traitait du haut
de sa grandeur. Taine, au contraire, a toujours été une bonne âme et n'a jamais dédaigné personne. Je n'étais d'accord avec
lui sur presque rien ; je ne l'en considérais
pas moins comme un des esprits les plus
originaux que nous eussions dans l'Université.

Taine avait mal réussi au concours de
l'agrégation ; on le supportait avec peine
dans l'enseignement des collèges ; on ne le
trouvait pas assez orthodoxe pour être professeur de philosophie ; on voulait le relé-
guer dans la grammaire. Il pensa à se tirer
de là en se faisant recevoir docteur, ce qui
lui donnerait accès dans l'enseignement
supérieur.

Il prit pour sa thèse principale, un sujet nouveau et inattendu : *la philosophie des fables de La Fontaine*. Il me fit lire son travail, ou plutôt une partie de son travail, avant de le porter à M. Le Clerc, doyen de la Faculté des lettres. J'en fus émerveillé, et même, à ce qu'il me semble aujourd'hui, un peu plus que de raison. Quelques idées me paraissaient paradoxales ; mais est-il nécessaire, pour admirer un livre, d'être toujours de l'avis de l'auteur ? Je trouvais ici de l'esprit à revendre et, ce qui me charmait surtout, une liberté d'esprit incomparable. Le style, d'ailleurs, n'était pas celui d'une thèse, et on n'aura pas de peine à me croire si je dis qu'il aurait fait honneur à nos premiers écrivains. J'en parlai à M. Le Clerc, que je trouvai hésitant. La Faculté, dans ce temps-là, n'aimait pas à être dérangée dans ses habitudes. Taine, qui se souvenait de l'agrégation, désira être recommandé.

Je pris sur moi d'écrire à un de ses juges,

qui avait été mon maître à l'École normale, puis mon collègue à l'École normale
même et à la Faculté des lettres. Je puis le
nommer, sa mémoire n'en souffrira pas.
C'était Adolphe Garnier, un psychologue
dans la force du terme, qu'on oublie trop
aujourd'hui, et dont les ouvrages mérite-
raient d'être étudiés à côté de Reed et de
Dugald Stewart. Je lui recommandai cette
thèse sur La Fontaine, comme un bijou. Il
me promit toute son attention et toute sa
bienveillance.

Mais savez-vous ce qu'il m'écrivit après
l'avoir lue ? C'est que l'auteur n'était qu'un
sot et qu'on avait eu mille fois raison de
l'écarter de la philosophie. « Et puisque
j'ai été votre professeur, me disait-il en
terminant, voulez-vous que je m'autorise
de ce titre pour vous reprocher, comme une
faute, et même une faute contre la morale,
d'avoir voulu m'arracher l'approbation d'un
ouvrage aussi dépourvu de jugement, de
talent, etc. » Je vous fais grâce de l'énu-

mération. Taine fut pourtant reçu, et avec
éclat. Mais il quitta presque aussitôt l'Université, et il fit sagement.

Il n'était pas né professeur. Il aimait à
parler, mais il parlait sans grâce. A l'Académie, il se mêlait volontiers à toutes les
discussions. On l'écoutait parce qu'il avait
souvent raison, et parce que c'était Taine ;
mais il était, avant tout, écrivain.

Je ne connais rien de son enseignement
à l'École des Beaux-Arts, sinon qu'il était
très savant. Taine ayant accepté de faire ce
cours, il était impossible qu'il ne creusât
pas son sujet très profondément. Il portait
dans les arts la même indépendance d'esprit que dans l'histoire et la philosophie.
Et, par exemple, il jugeait Raphaël comme
Victor Hugo jugeait Racine. Ils n'en sont
pas moins Taine et Hugo. Il y avait cette
différence que Hugo vous assénait son
jugement sur Racine comme un coup de
massue et que Taine disait simplement son
avis sur Raphaël, sans penser à s'en glorifier

ou à s'en excuser. Un de ses admirateurs a dit que c'était un saint. Je le pense ; c'était un saint qui avait quelques idées bien singulières. Il ne les cachait pas ; il était aussi admirable pour sa probité intellectuelle que pour son génie.

On a publié, de tous les côtés, la liste de ses livres ; elle n'est pas complète et voyez pourtant combien elle est longue. J'ai dit qu'il avait abordé tous les sujets ; il y en a de bien discordants : un livre sur la philosophie de Stuart Mill et un livre sur les Pyrénées. Ses deux grands ouvrages sont l'*Histoire de la littérature anglaise* et *Les Origines de la France contemporaine* ; ce sont deux chefs-d'œuvre, chefs-d'œuvre de style, chefs-d'œuvre de pensée. Pour le style, je le trouve quelquefois fatigant à force de concentration ; et pour la pensée, je suis presque toujours un dissident. Dissident, mais admirant.

On vante son érudition, qui est considérable. Il accepte des autorités plus que suspectes, plus que médiocres, quand leur témoignage lui est favorable. C'est cependant un érudit ; mais il est bien plus philosophe qu'érudit. Je trouve en lui une grande force de pensée, et ce que je prise peut-être davantage, une grande volonté de faire produire à cette force tout ce qu'elle est capable de produire.

Taine est une volonté encore plus qu'une intelligence. Il n'a pas donné à sa pensée un instant de repos. Il ne l'a jamais laissée s'égarer sur des sujets de peu d'importance. Je le connaissais depuis 1847. Je puis attester qu'il a pensé depuis ce temps-là sans interruption.

Il avait ordinairement l'air absorbé et méditatif. Quand il se livrait pourtant, ce qui était rare, personne n'était plus affable et plus aimable. Je ne m'étonne pas d'entendre dire qu'il était adoré des siens.

Aucun écrivain de nos jours n'a produit plus d'œuvres, ni d'œuvres plus sérieuses ; aucun n'a été plus impartial et plus indépendant ; aucun n'a découvert plus d'horizons variés et immenses ; aucun n'a mis plus complètement le culte des lettres et de la philosophie au-dessus des préoccupations de carrière et de vanité. Il a voulu penser ; il n'a voulu que cela, il n'a fait que cela. Il faudra discuter à fond ses doctrines ; mais, pour cette noble vie consacrée tout entière à la science, on ne peut avoir que de l'admiration et du respect.

CHARLES GOUNOD

Vous ne le savez pas, mais je prends un mélancolique plaisir et je mets quelque amour-propre à vous l'apprendre : j'étais intime ami de Charles Gounod. Nous vivions ensemble comme deux frères, et il venait chaque année passer plusieurs semaines chez moi, au bord de la mer.

Un jour que nous allions, tous les deux ensemble, de Villers à Houlgate, j'eus la folle pensée de lui parler de son génie musical. Il n'était pas en train de recevoir des compliments ce jour-là. Il accueillit le mien par le plus souverain mépris : ·

— Si les charretiers, qui gravissent la côte en même temps que nous, s'avisaient de me louer de mon génie, me dit-il, je ferais exactement le même cas de leur compliment que du vôtre.

Je pris la liberté de lui rire au nez :

— J'avoue, lui dis-je, que je ne suis qu'un âne ; mais si tous les ânes de ma sorte cessaient de courir partout où l'on joue de votre musique, avouez que vous seriez bien attrapé.

Sans doute, le suffrage d'Ambroise Thomas, et celui de Saint-Saëns, que vous invoquez, valent cent mille fois mieux que le nôtre ; mais il ne vous déplaît pas que vos œuvres soient sur tous les pianos. La popularité est un des ingrédients dont la gloire se compose ; et le jugement de l'humanité conserve quelque prix auprès du jugement des plus grands hommes.

Les amis qui ont connu Gounod sont

innombrables, car il se donnait aisément ;
mais je parle des amis qui ne l'ont pas
connu. En le lisant, en l'écoutant, on ne
l'admirait pas seulement, on l'aimait. C'est
le caractère propre de sa gloire et de son
génie, qu'on ne retrouve, au même degré,
chez aucun autre. L'humanité chantait
dans sa musique avec ses joies et ses douleurs. C'était lui, c'était vous, aux heures
de la gaîté jeune et expansive et aux heures,
hélas ! plus nombreuses de la mélancolie.
Il ne pleurait pas jusqu'à vous désoler,
l'espérance accompagnait toujours sa tristesse, et l'on sentait le renouvellement à
côté de la chute.

Gounod était un amant. C'était un amant
de tout ce qui est beau, à commencer par
le ciel. Il n'a jamais su résister, ni à l'amour
divin, ni à l'amour humain. Il avait essayé
de choisir, au commencement de sa vie. Il
flottait entre le cloître et le monde, entre
saint Paul et Mozart. On ne peut pas dire
que le monde l'emporta, puisque, au milieu

de ses succès mondains, il se rappelait la patrie divine.

Il prit la voie de l'amour, qui était sa destinée, mettant du saint Paul dans un opéra, et du Mozart dans un oratorio.

Le nom de Gounod me rappelle celui d'un grand peintre qui était notre ami à tous les deux, Élie Delaunay. Il a fait de Gounod un portrait qui est un chef-d'œuvre. C'est un profil, et pourtant, dans ce profil, l'âme du poète (c'est Gounod que j'appelle ainsi) est vivante. Il tient dans ses bras un livre ; il le serre comme un amant ; il le touche avec adoration, comme le lévite qui porte la Bible. C'est *Don Juan* de Mozart. Ce tableau raconte toute une âme et résume toute une vie.

C'est une coutume des musiciens d'exécuter les chefs-d'œuvre du mort à son enterrement. Gounod était comme ces fleuves mythologiques dont l'urne ne s'épuise jamais. Il est mort, comme Mozart, en écrivant un *Requiem*. La musique ne pouvait manquer à sa cérémonie funèbre : mais on dit qu'il a lui-même ordonné de s'en tenir au plain-chant. Il a bien fait. Outre que le plain-chant est magnifique par lui-même, plein de tristesse et de majesté, il a le mérite d'être antique. Il est une tradition. Il se joint aux grands souvenirs de l'humanité. Il est une œuvre de génie et une œuvre de foi, tandis que la foi manque aux maîtres modernes. On se souvient encore des funérailles de Rossini, qui furent un admirable concert, mais un concert. L'Alboni y remporta peut-être son plus éclatant triomphe. Elle pleurait ; je l'ai vue ; mais elle seule pleurait ; l'auditoire était tout à la chanteuse et à l'orchestre. Il oubliait le mort. Nous n'avons eu que le plain-chant à la messe mortuaire de Gounod, mais aucune musique ne nous aurait fait oublier le mort, et aucune musique ne nous fera oublier sa musique.

Gounod est mort au moment de la grande

admiration pour Wagner, admiration que je partage ; mais il n'avait pas peur pour Mozart et pour Rossini ; et nous, nous n'avons pas peur pour Gounod. Le véritable musicien sera toujours le musicien que l'on chante. Il est mort jeune à soixante-quinze ans. Ceux qui vivaient dans son intimité savent qu'il n'avait que vingt ans. Et ceux qui vivent dans l'intimité de son œuvre le savent aussi.

PASTEUR

Dès le lendemain de la mort de Pasteur,
tous les journaux se sont empressés de raconter sa vie ; une vie bien simple, toute
d'une venue. Il s'est pris de passion pour
la chimie, n'étant encore qu'un enfant ; il
s'est donné à elle complètement et sans
partage : l'histoire de sa vie est l'histoire
de ses travaux et de ses découvertes.

Il n'y a pas eu d'épisode. L'empereur et
l'impératrice l'ont attiré chez eux. L'empereur l'avait mis, peut-être sans le consulter,
sur la liste de nouveaux sénateurs qui allait
paraître au moment de la Révolution. An-

térieurement il lui avait fait bâtir, à ses
frais, un laboratoire dans un pavillon de
l'École normale. Ce laboratoire était le
laboratoire de Pasteur, fait tout exprès
pour lui, sur ses indications, et à son usage
exclusif. Il était alors directeur des études
scientifiques de l'École, avec le titre et le
rang de sous-directeur. Il avait son logement à l'École et l'usage du laboratoire
commun; mais il n'y était pas chez lui,
quoi qu'il en fût le maître, et il considéra,
avec raison, comme un très grand bienfait,
le cadeau de l'empereur. Je suis persuadé
que c'est encore une des bonnes actions de
Duruy. Il s'était pris de passion pour la
théorie des microbes, que Pasteur commençait à faire connaître. Il en parla à
l'empereur, il lui communiqua son enthousiasme, et le premier résultat de cette propagande fut la création du pavillon de la
rue d'Ulm. Ce n'était pas grand; le pavillon
n'a que les dimensions de l'édifice paral-
lèle habité par le concierge. J'y conduisis

un jour l'empereur Dom Pedro, qui voulut le visiter en détail. Je me souviens que Pasteur, ayant à disposer son microscope, me mit dans la main deux petites plaques de verre, placées l'une sur l'autre, en me priant de les tenir horizontalement. Il releva la tête, un moment après, pour me dire : « Tenez-les avec précaution : c'est la peste. — La peste ! m'écriai-je, il aurait fallu me prévenir ! » Il en rit de tout son cœur. Je me sentis soulagé quand il me reprit son échantillon.

Je n'ai jamais rien vu de si trompeur que ces générateurs du choléra ou de quelque fléau tout aussi terrible. Ils étaient comme partagés en deux petites bandes, dont un ou deux membres se détachaient, par instants, comme pour aller conférer avec des membres de l'autre groupe qui s'avançaient au-devant d'eux. Tous ces mouvements étaient lents ; ils paraissaient rythmés : j'aurais juré que ces petits êtres dansaient une contredanse. C'est la pre-

mière connaissance que j'ai faite avec eux,
et cette connaissance n'a jamais été très
approfondie. Je me contente, comme le
public profane, de savoir les grandes découvertes qui sont sorties de là, et de gémir
sur ma destinée, qui m'a fait faire autre
chose que de la chimie.

Je me garderais bien de parler de Pasteur, étant incompétent et ignorant comme
je le suis, si je n'avais à raconter deux ou
trois anecdotes que les savants dédaigne-
ront, et que je donne ici, sans ordre comme
sans prétention, avec le même plaisir mélancolique que j'aurais eu à porter des
fleurs sur son cercueil.

Et puisque je viens de dire un mot de ses
relations avec l'empereur, j'ajoute, sur le
champ, que ce détail, qui serait capital dans
la vie d'un autre, est presque insignifiant
dans la sienne, tant il est évident qu'à ses
yeux l'empereur avait infiniment moins
d'importance que Delafosse, Balard ou
Claude Bernard.

Je fus une fois chargé par le centre gauche dissident (si vous ne savez pas ce que c'est, faites comme Pasteur, ne vous en préoccupez pas : c'est le parti auquel j'appartenais) ; je fus, dis-je, chargé par mon parti de lui offrir la candidature pour une place de sénateur inamovible qui était vacante. Il me demanda si je pouvais lui donner vingt-quatre heures de réflexion ; je les lui donnai. Nous revînmes ensemble de l'Institut le lendemain, allant, lui, à son laboratoire et moi au Sénat. Il me quitta devant la grande porte de la rue de Tournon : « Eh bien! lui dis-je, vous refusez? (Je n'en doutais pas). — Oui, dit-il simplement et poliment, en me pressant la main. — Attendez, lui dis-je : je suis presque sûr du succès. » Je l'étais, en effet, autant du moins qu'on peut l'être. C'est cette fois-là que mon ami Voisins-Lavernière fut élu. « Oh! me dit Pasteur, pour moi, je ne doute pas du succès; mais c'est la candidature que je ne veux pas. — Et vous étiez résolu à refuser dès hier? — Oui, dit-il, c'est par déférence pour vous que j'ai demandé à réfléchir. Je n'aurais pas été bon sénateur; je serais devenu moins bon chimiste. Laissez-moi faire le métier auquel je suis propre. » Et il s'en fut, ne pensant plus qu'aux préparations qui l'attendaient.

Ce savant modeste m'avait pourtant avoué qu'il ne doutait pas du succès, s'il lui avait plu de se présenter. Il était modeste en ce sens qu'il rendait justice aux autres; il ne l'était pas jusqu'à ignorer ce qu'il était. Quand la gloire lui arriva, il la vit parfaitement venir; ce qu'on peut dire, c'est qu'il n'en fut pas moins simple dans ses allures et moins excellent ami. Quand l'Université d'Édimbourg invita l'Institut de France à son jubilé, il accepta de faire partie de la délégation. Il ne nous dit rien à son retour. Ce fut Caro, qui l'avait accompagné, qui nous raconta les ovations dont Pasteur avait été l'objet. « Il en rejaillit quelque chose sur nous, dit Caro, et nous

en avions besoin, car le public d'Édimbourg
savait parfaitement ce qu'était Pasteur, et
ne connaissait pas grand'chose à l'Académie française. — Je m'en doutais, dit alors
Pasteur, avec sa tranquillité ordinaire, et
c'est pour cela que j'avais accepté de faire
partie de la délégation. »

J'étais professeur d'histoire de la philosophie à l'École normale quand Pasteur y
entra en 1843. Vous voyez que nos relations
remontaient bien loin. Il me dit un jour
obligeamment que je lui avais appris les
règles de la méthode expérimentale et
qu'il m'en avait toujours su gré. Je sup-
pose qu'il parlait de mes livres, car je n'eus
pas l'occasion de parler longuement de
l'induction dans un cours d'histoire des
doctrines philosophiques. C'est Pasteur qui
était le maître de la méthode expérimentale ; il avait les trois qualités qui font le
grand observateur : la sagacité, la persévérance et la prudence.

Je n'eus de relations sérieuses avec lui qu'en 1872. J'étais alors ministre de l'Instruction publique et très préoccupé de trouver des ressources pour l'enseignement supérieur dont la situation était déplorable.

Pasteur était directeur des études scientifiques à l'École normale.

Il vint me voir, à la suite d'un discours que j'avais prononcé à la Sorbonne, et où j'avais décrit nos misères. Il m'exposa celles qu'il voyait de plus près. Il roulait dans sa tête de grands projets et de grandes espérances. Il ne demandait qu'une bien petite somme. Tout le monde se faisait petit et modeste en songeant à la rançon de 10 milliards. Plût à Dieu qu'on nous en eût demandé vingt, sans nous demander, comme on le fit, notre sang et notre chair! Si petite que fût la somme demandée par Pasteur, j'eus de la peine à la trouver. Il m'avait dit, au cours d'une de nos conversations, en rougissant comme une jeune fille, et après m'avoir demandé le secret, (mais je vous le demande sur votre honneur!) qu'il était, qu'il croyait être sur le point de découvrir le remède de la rage.

Il avait déjà, à cette époque, rendu les plus grands services à l'industrie et à la science médicale par ses études sur le vin et la bière et par ses découvertes sur le choléra des poules et sur le charbon du bœuf et du mouton. Mais la rage était un ennemi plus redoutable et il marcha vaillamment au combat.

Je ne le revis pas depuis sans lui dire : « Et la rage? » jusqu'au jour où il se crut assez sûr de sa découverte pour la livrer. Il savait que le moyen presque assuré de perdre une découverte est de la divulguer avant l'heure.

Pendant que les savants hésitaient, critiquaient, raillaient et même injuriaient, et que Pasteur, qui était tendre pour les souffrants et ne l'était pas du tout pour les jaloux et les malveillants, suait sang et eau pour leur répondre, les mordus affluaient

à la rue d'Ulm. Il fallut louer un local à
une centaine de mètres de l'École. Pasteur
s'y rendait tous les matins, avec ses aides de
la première heure, Grancher, Chamberland
et quelques autres dont le nom est devenu
célèbre. Il fallait voir tout ce monde, les
uns horriblement blessés, les autres atteints
très légèrement; blessures légères en apparence, mais qui contenaient le venin mortel. Quand Pasteur entrait, tous les regards
se tournaient vers lui, comme vers le représentant visible de la providence. Presque
tous avaient une foi robuste. Les enfants
lui souriaient ; les mères auraient baisé ses
traces. Il se tenait debout, répondant aux
questions de ses disciples, donnant sa décision dans les cas difficiles, sans jamais
laisser percer l'hésitation, et regardant de
cet œil lumineux qui semblait voir plus loin
et plus profondément que les yeux des
autres.

Cette découverte qui délivrait l'humanité
d'un de ses plus cruels fléaux a été saluée

par des acclamations universelles. Que fit
Pasteur?

Il s'occupa, dès le lendemain, d'étudier la
diphtérie et la tuberculose ; car on ne sau-
rait trop le répéter, ses découvertes ne
sont pas des surprises de la science, comme
on en cite quelques-unes dans l'histoire de
la chimie ou de la médecine.

Il rassembla un jour les secrétaires perpé-
tuels dans une des salles de la bibliothèque
de l'Institut, avec quelques autres personnes, l'amiral Jurien de la Gravière, Magnin,
gouverneur de la Banque de France, Chris-
tophle, gouverneur du Crédit Foncier. Il
était lui-même secrétaire perpétuel de
l'Académie des sciences, pour les sciences
physiques et chimiques. Il nous parla du
projet qu'il avait formé de construire un
dispensaire à l'aide d'une souscription publique. Il ne fallait pas moins de deux mil-
lions : on les trouva sans trop de temps et
de difficultés. Tout autre que lui aurait
échoué. On a mis, dans la salle des actes du

nouveau dispensaire, les bustes en marbre
des plus gros donateurs : les deux premiers
sont l'Empereur de Russie et Mme Bouci-
cault, propriétaire des magasins du *Bon
Marché.* Nous eûmes fort à faire dans les
commencements. Ce fut Pasteur qui choisit
l'emplacement de la rue Dutot. Il n'y avait
alors dans le quartier que des champs de
maraîchers et quelques couvents. Pasteur
insista beaucoup pour la création d'un laboratoire de recherches.

« Le remède de la rage n'est qu'un détail, » disait-il. Il entrevoyait déjà la guérison
de la diphtérie, de la tuberculose. « C'est
toute une science médicale à constituer, un
nouveau traité à conclure avec la mort. »

Je fus consulté, il y a quelque temps, sur
une libéralité qu'une personne riche voulait faire par son testament. J'indiquai
d'abord l'Institut Pasteur ; mais on hésita ;
puis on consulta d'autres personnes ; puis
on me fit cette étrange objection : « Pasteur, me dit-on, a un moyen bien simple

d'augmenter ses recettes; c'est d'exiger des malades riches une rétribution plus élevée. »

Premièrement, il ne faut pas parler des recettes de Pasteur, mais des recettes du dispensaire, auxquelles Pasteur a toujours été absolument étranger. L'argent donné au Dispensaire est versé dans la caisse du Dispensaire, et Pasteur n'en a jamais prélevé une obole pour lui-même. Au contraire, il est un des donateurs les plus importants. Non content d'avoir donné son génie, d'avoir donné sa vie, il a donné aussi son argent. Secondement, le Dispensaire ne réclame aucune rétribution pour les soins qu'il donne aux malades. Il accepte des dons, si on en fait; il ne taxe ni les pauvres ni les riches. Il affiche dans ses salles cette double déclaration : que tous ses services sont gratuits; qu'il accepte les offrandes, même les plus minimes. Je dois dire que la première partie de l'affiche paraît être la seule que le public lise. Il sait

qu'on ne lui demandera rien, et il en profite
pour ne rien offrir. Les riches, eux-mêmes,
ne donnent rien. Comme ils tiennent à être
polis, ils insistent pour voir le chef de la
maison et pour lui exprimer leurs remer-
ciements avec émotion. Il faut pourtant
que la maison marche! Elle n'a pas d'autre
ressource que la générosité des clients.

Il importe aussi que le public comprenne
bien qu'il ne s'agit pas uniquement de la
rage, mais d'un laboratoire de recherches.
On vient d'avoir tout récemment une
grande bonne fortune! un des disciples de
Pasteur a trouvé le remède de la diphtérie. Je ne sais pas si l'émotion n'a pas été
plus grande que pour la rage. On a peur de
la rage, mais on ne se croit pas directement
menacé par elle; on la croit même plus
rare qu'elle ne l'est en réalité, tandis que
le croup est l'ennemi domestique et l'épou-
vantail des mères. Vous verrez le bruit que
fera pour la même raison le remède de la
tuberculose si on est assez heureux pour le

trouver. Il fallait de l'argent pour pouvoir
faire bénéficier tout le monde de la découverte de M. Roux : on a trouvé un million
en un clin d'œil. C'est le croup qui a fait ce
miracle. La phtisie ne sera pas moins puissante. Mais la science, en général, les recherches d'où sortent ces découvertes n'ont
pas le don d'émouvoir au même degré les
âmes sensibles. C'est pourtant de là que
tout le reste découle.

L'œuvre de Pasteur, ce n'est pas la guérison de la rage, ce n'est pas la guérison du
choléra des poules, ce n'est pas la guérison
du charbon du mouton et du bœuf, ce n'est
pas le remède de la maladie du vin, ce n'est
pas la transformation de l'industrie de la
bière : c'est la découverte du microbe et de
la façon de le combattre. Pasteur est une
méthode. On le salue, on l'acclame pour
les premières applications de cette méthode ; mais c'est la méthode qui est sa
gloire et sa force. C'est par elle qu'il sera
grand dans l'avenir. Il le sentait profondé-

ment. Pendant que son Institut de la rue
Dutot n'était encore qu'un projet, il cherchait un nom pour la science nouvelle, qui
est, au fond, la science du microbe. On lui
proposait : Microbiologie. « C'est long et
lourd ! disait-il. J'aime mieux Microbie. »
On lui objectait que Microbie sort des règles
ordinaires, que ce mot n'est pas conforme
à l'usage. Mais Pasteur était un doux entêté ;
il tenait à Microbie ; il n'en voulut pas dé-
mordre, et j'espère que, par respect pour
lui, ce nom sera conservé à la science.
« Après tout, disait-il, je l'ai créée ! j'ai
bien le droit de la baptiser. »

Oui, mon cher Pasteur, vous avez été
juste ce jour-là envers vous-même.

Croiriez-vous que j'ai été obligé de lutter
contre lui pour faire mettre son portrait,
sculpté par Roty, sur la médaille qu'on
nous a distribuée, comme jeton de présence,
quand nous assistions aux séances du conseil de son Institut : « J'aurai l'air d'un
prince, disait-il. — Eh ! sans doute, cher

ami, il n'y a plus d'autres princes que les princes de la science, parmi lesquels le premier rang vous appartient. »

Quelque temps avant sa mort, il avait refusé une décoration prussienne. Il l'avait fait en termes convenables. C'est une conduite qui s'explique parfaitement, qui tient aux sentiments les plus élevés, et qui est conforme à son ardent patriotisme. Il n'avait pas cherché à faire de cette résolution toute simple et toute naturelle un événement : il aurait été au-dessous de lui de se faire une réclame de cet acte de dignité personnelle. D'autres voulurent en profiter pour faire du bruit, au risque de rendre plus difficiles des relations déjà trop tendues et de répondre à un bon procédé par une injure. Pasteur arrêta le mouvement sur le champ, avec le même bon sens et la même simplicité qu'il a montrés toute sa vie, dans toute sa conduite, et qui ont fait dire à tout le monde avec vérité que ce grand homme était un homme excellent.

Deux camarades étaient présents à ses funérailles : Eugène Manuel, le poète, et Chappuis, l'ancien recteur de Besançon. J'ai bien envie de me compter parmi eux, quoique je sois d'une génération antérieure et que je fusse professeur à l'École à l'époque où ils étaient élèves. Pas un normalien présent à Paris n'a pu manquer ce triste rendez-vous. Manuel avait été mandé télégraphiquement par la famille avant l'heure fatale. Wallon était aussi là. Nous disions entre nous que l'École perdait sa plus grande gloire ; mais on pouvait le dire aussi de la France.

AMBROISE THOMAS

Beaucoup d'articles sur Ambroise Thomas ont été publiés au moment de sa mort.
Tous les journaux ont tenu à le juger, et
ils se sont tous adressés à des musiciens.

C'est le jugement des ignorants que
j'apporte. Il est, à coup sûr, moins bien
établi que celui des savants et des compétents; mais il est plus libre, plus désintéressé. Aujourd'hui, les musiciens ont tous
une thèse à soutenir. On a découvert une
nouvelle musique qui n'est pas l'art éter-

nel. On s'y prend à deux fois pour avouer qu'on adore Mozart, et qu'on a un culte pour Gluck et Beethoven. Rossini et Meyerbeer se défendent difficilement contre les adeptes de la religion nouvelle. Berlioz a quelque génie. Wagner est le Dieu de la musique à la place des anciens Dieux détrônés. Ambroise Thomas, qui ne faisait pas partie des détracteurs de Wagner, il y a vingt ans, et qui, depuis, ne s'était pas enrôlé parmi ses adorateurs, ne peut être loué qu'avec une extrême réserve. On ne peut refuser à l'homme l'estime, l'admiration, le respect. Le musicien est un artiste de mérite, un remarquable « artisan en sons ». L'un d'eux le dit, et c'est une amusante découverte. Il a été très fécond. Ses opéras, puisqu'il faut leur donner ce titre, n'ont pas toujours rencontré la faveur du public; mais les connaisseurs apprécient, chez l'auteur, de l'érudition, une orchestration assez riche, parfois de beaux effets de sonorité, une certaine grâce. On ne s'y

prendrait pas autrement pour faire l'éloge
d'un musicien médiocre.

Pourquoi Gounod n'est-il pas là? Il dirait
ce que je lui ai entendu dire maintes fois
de *Mignon*, de *Hamlet*, de *Françoise de
Rimini*, du *Caïd*, de *Psyché*, du *Songe
d'une nuit d'été*, de *La Double Échelle* et
d'une foule de morceaux charmants, gra-
cieux, aimables, tendres ou mélancoliques,
qu'Ambroise Thomas semait, pour ainsi
dire, autour de lui, comme des gerbes de
fleurs sans cesse renouvelées. La plupart
de ses œuvres sont oubliées, dit un critique
avec une douce et bienveillante pitié.
Hamlet et *Mignon* ne seront pas oubliés
de sitôt, et *Françoise de Rimini*, un peu
trahie par ses interprètes, n'a pas encore
eu l'occasion d'être pleinement appréciée.
Les œuvres des maîtres ont leur temps,
comme celles d'Ambroise Thomas. Ceux
qui ont été les plus acclamés de leur vivant
ne laissent quelquefois rien de durable
après eux. Considérez les plus grands.

*
* *

Nous avons eu, en France, deux témoignages frappants de la fragilité de nos admirations. Le premier, c'est notre Théâtre Italien. Ceux qui n'ont as assisté aux séances du Théâtre Italien, avant l'incendie de l'opera, ne savent pas ce que c'est que l'idolâtrie. Chaque auditeur était un fanatique. Chaque roulade était un chef-d'œuvre. Les chœurs, les duos, tout méritait l'admiration et même le respect. On rappelait les chanteurs trois ou quatre fois; après chaque morceau on se pâmait. On sortait de là avec recueillement, comme d'un sermon, emportant des souvenirs et des émotions pour toute une semaine. Je reconnais que la troupe était merveilleuse, que beaucoup des opéras représentés étaient de belles œuvres. Mais c'est à peine si on applaudissait moins les œuvres médiocres. Les fidèles étaient aussi hautains

pour les étrangers qu'enthousiastes pour
les dieux de la maison : *Di patriæ indi-
getes...* Ils étaient quelquefois durs jusqu'à
la sottise.

L'autre exemple que je veux citer des va-
riations de la mode en musique, c'est
Wagner. On sait comment il fut accueilli.
On le chassa, pour ainsi dire, à coups de
fourche. Que nous voulait ce sauvage ? Sa
musique ne rappelait, en aucune façon, à
celle de Rossini, de Donizetti et de Mer-
cadante. Il n'était pas plus de l'école de
Rameau que de celle de Mozart. S'il ressemblait à quelqu'un, c'était à Berlioz. Il
fut obligé d'obtenir la scène du Théâtre-
Français pour faire jouer quelques morceaux d'un de ses opéras. On voulut bien
remarquer un chœur de bergers qui avait
de l'originalité et de la grâce. On dit dé-
daigneusement : « Il y a peut-être là quelque chose. Mais le reste ! » Le reste était
bon à jeter aux cafés-concerts. Il eut le tort
de s'irriter et de répondre par des pam-

phlets contre la France. Il revint plus tard,
et par deux fois, pour tenter la fortune sans
plus de succès. La dernière fois, on lui re-
procha d'être un Allemand, et de nous
avoir injuriés : que pouvait valoir sa musique? La représentation fut une émeute.
Après quoi, les temps étant accomplis, il
est revenu à la charge de nouveau, et,
cette fois, il s'est établi chez nous en triom-
phateur. C'en est fait des vieilles idoles, à
commencer par Mozart lui-même. La musique de Wagner n'est pas seulement une
nouvelle musique; c'est la musique. Les
autres ne savent ni orchestrer, ni penser,
ni faire un opéra dont la représentation
dure trois jours. Les jeunes se sont préci-
pités sur cette riche aubaine, et ont déclaré qu'ils avaient découvert un monde
dont ils seraient à l'avenir les seuls poten-
tats. L'ancienne musique serait abandonnée aux douairières surannées et aux
jeunes filles instruites dans les couvents de
province par les vieux maîtres de chapelle.

Quelle fut devant cette révolution, car c'est toute une révolution, l'attitude de Gounod et d'Ambroise Thomas ? Ils donnèrent l'exemple du bon sens. En vrais artistes, ils comprirent ce qu'il y avait de grand et de puissant dans Wagner. Ils laissèrent de côté ce qu'il y avait de chimérique et de ridiculement prétentieux. Ils se refusèrent énergiquement à faire à la politique et même au patriotisme une part quelconque dans l'appréciation des œuvres d'art. Ils repoussèrent avec le mépris qu'elle mérite la jeune école qui répudie les plus grands musiciens : Mozart, Mendelssohn, Beethoven, Rossini, Meyerbeer. Ils restèrent fidèles à leurs maîtres vénérés, tout en faisant au-dessous d'eux, et quelquefois même à côté d'eux, une place aux nouveaux venus. Ambroise Thomas n'était pas fait pour devenir un iconoclaste. C'était un classique, un conservateur convaincu, mais ouvert à tous les progrès, et respectueux de toutes les gloires.

Lorsque Verdi vint à Paris pour la représentation d'*Aïda*, ce fut Ambroise Thomas qui le reçût et lui fit les honneurs de la France. Notre jeune école reçut le grand maître italien avec un froid respect. Verdi est un mélodiste. Il ne s'est jamais converti à la musique ennuyeuse. Son imagination est restée féconde jusque dans l'extrême vieillesse. Les deux vétérans faisaient des trouvailles, et des trouvailles ravissantes, tandis que les jeunes gens s'efforçaient de bannir le chant de la musique.

*
* *

Quand on a donné la nomenclature des œuvres d'Ambroise Thomas, on s'est contenté de citer les noms, sans un mot d'éloge. Il a bien fallu cependant avouer que *Hamlet* avait eu de très nombreuses représentations, que *Mignon* en avait eu mille; que le *Caïd* avait été acclamé à la reprise

comme aux premiers jours : on a accordé
en passant quelques paroles de courtoisie
à cette musique deux fois triomphante dans
l'espace d'un demi-siècle.

Un critique a déclaré que la musique
d'*Hamlet* manque de force. Ils sont d'accord presque tous pour louer la scène de
l'esplanade, qui, suivant l'un d'eux, a une
certaine grandeur. Nous autres profanes,
nous la trouvons simplement magnifique.
Nous admirons aussi sans réserve la scène
où *Hamlet* présente à sa mère les portraits
de ses deux époux. Nous sommes ravis,
avec tout l'auditoire, en écoutant la déclaration d'*Hamlet* :

> Doute de la lumière,
> Doute du soleil et du jour...

Nous assistons avec une émotion passionnée à la poétique agonie d'Ophélie.
Tout le caractère d'Hamlet nous paraît des-
siné avec une force et une originalité qui
expliquent et justifient l'immense succès
de l'opéra.

Nous trouvons, à côté de la partie
d'*Hamlet*, qui est de tous points supérieure,
une marche, un ballet bien charmant et
bien spirituel, des chœurs, entre autres le
chœur des comédiens qui est d'une forme
nouvelle et puissante. Nous n'hésitons pas
à qualifier cet opéra de chef-d'œuvre, et
nous appelons le maître qui l'a écrit un
grand et très grand musicien.

Je ne me permets pas d'analyser *Mignon*,
ni cette amusante bouffonnerie du *Caïd*.
Je dirai seulement en passant que ce qu'il
y a de plus rare au monde, c'est une plai-
santerie qui dure. Le *Caïd* dure encore,
nous en avons la preuve chaque fois qu'on
le reprend. J'aurais voulu que les critiques
musicaux eussent la bonté de glaner, dans
les partitions oubliées du maître, les morceaux les plus puissants ou les plus déli-
cats : il en résulterait pour lui un accroisse-
ment de sa gloire, et pour nous un redou-
blement de notre plaisir. Tout le monde
sait le chœur de *Psyché* qui, exécuté par

de jeunes voix, charme tous les auditoires qui l'entendent, et spécialement le public du Conservatoire qui ne se lasse pas de l'admirer.

Les œuvres d'Ambroise Thomas sont extrêmement nombreuses, car il n'a jamais cessé de travailler. Presque tous les ans il donnait un opéra, quelquefois deux, sans compter tous les morceaux de piano, les nocturnes, en un mot, les menus ouvrages dont la plus grande partie mérite d'être conservée. Une seule fois, à la suite de quelques insuccès, il laissa passer jusqu'à six années sans rien produire. On le crut découragé ; il ne l'était pas : il travaillait. Le résultat de son travail fut *Mignon*, et depuis, il ne s'arrêta plus. Il ne s'arrêta jamais. Il avait soixante-et-onze ans lorsqu'il donna *Françoise de Rimini*, qui est une de ses plus belles œuvres et des moins connues. Gounod et Ambroise Thomas ont chacun un opéra qui devait réussir et qui a eu la mauvaise chance : pour Gounod, c'est *Polyeucte;* pour Ambroise Thomas, c'est *Françoise de Rimini.* Cet opéra attend encore une Françoise et un Virgile qui soient dignes de lui.

*
* *

Si la biographie d'Ambroise Thomas a dû se faire dans tous les journaux par une simple énumération de ses œuvres, c'est qu'il n'y a pas, dans sa vie, autre chose que la musique. Il a donné le même exemple que Gounod : il a été dévoué à son art depuis son premier souffle jusqu'au dernier. Mais, s'il n'y a pas eu de révolution dans la vie de Gounod, il y en a eu dans ses passions : saint Paul et les femmes se sont partagé son cœur avec la musique. Il a connu toutes les joies et toutes les angoisses de l'amour. Il a songé longtemps à se faire prêtre. Il avait des prétentions de théologien. Il disait, à la fin de sa carrière, qu'il aurait pu être moine ou peintre. Il se trompait. Je l'aurais bien défié d'être autre chose que ce qu'il était, c'est-à-dire un très grand musicien dans l'école des vrais musiciens, et tout à côté de Mozart. Le cœur d'Ambroise Thomas n'a jamais été partagé : il n'a connu que les amours profondes et pacifiques, la vie calme, régulière, vouée à l'accomplissement de tous les devoirs, l'étude et le travail sous la direction des maîtres qui avaient gouverné sa jeunesse et des œuvres 'dont le commerce assidu avait fait le bonheur de sa vie.

Il était né à Metz en 1811 ; à Metz ! Les Allemands ont voulu le revendiquer. Ambroise Thomas est un musicien français, comme Grétry, qui est de Liège, et Hérold, qui est de Strasbourg. C'est tout au plus si nous n'avons pas le droit de compter parmi les musiciens français Rossini et Meyerbeer, qui ont vécu chez nous, et reçu de nos théâtres la consécration suprême de leur génie. Ambroise Thomas n'était pas seulement un musicien français. Il était

un français dans toute l'acception du terme,
un patriote. Nul n'a plus profondément
souffert de nos malheurs. Il s'enrôla en 1870,
malgré son âge et sa situation, et fit son
service de vétéran avec une louable activité. Il a peut-être monté la garde à la
porte du Conservatoire, comme Duruy à la
porte du Ministère de l'Instruction publique.

Son père était professeur de musique,
et lui donna les premières leçons. Il fit de
brillants progrès et vint à Paris très jeune
pour suivre les cours du Conservatoire. Il
eut pour maître de piano Zimmermann. Il
poussa si loin l'étude du piano qu'il eut le
premier prix en 1829. Il obtint l'année sui-
vante le prix d'harmonie. Mais la composition devint sa principale étude sous la direction de Lesueur, et il obtint en 1832 le
grand prix, qui lui ouvrait les portes de
la Villa Médicis. Il débuta, en revenant de
Rome, par *La Double Échelle*, qui n'eut
pas moins de deux cents représentations.

J'aurais voulu, à défaut d'événéments,
raconter quelques anecdotes : les anecdotes peignent bien les hommes. Il faut
presque y renoncer pour lui. Heureusement il s'est peint dans ses œuvres, avec
son cœur doux et calme, et son esprit rêveur et mélancolique. Pendant son séjour
à l'école de Rome, il faisait le bonheur du
directeur, M. Ingres, qui l'appelait « le bon
Thomas » et se faisait jouer par lui, les
morceaux de son choix. On sait que
M. Ingres était musicien, comme Gounod
était peintre.

Voici pourtant une anecdote que je connais d'Ambroise Thomas : quand il put
s'échapper de Paris après la Commune, il
se hâta de se rendre à Argenteuil, où il
avait une maison de campagne. Argenteuil avait été incendié, brûlé pendant
l'insurrection. Il croyait aller visiter des
décombres. Il trouva la grille fermée, le
jardin en bon état, et la maison intacte.
Tout s'expliqua par une carte laissée sur

un meuble au rez-de-chaussée. Elle portait
le nom d'un officier allemand, avec cette
seule mention écrite au crayon : « Neveu
de Meyerbeer ».

Ce fut une des grandes joies et des
grandes émotions de sa vie. Il avait, je
crois, deux autres maisons : l'une en Bretagne, à quelque distance de Tréguier, la
patrie de Renan ; celle-là en pleine mer.
On y accédait à cheval quand la marée
était basse ; elle devenait une île à la marée
haute. Nous l'appelions à cause de cela
« le Laird des Iles ». Le site est un peu
sauvage, mais très beau comme tous nos
rivages bretons. Il s'y plaisait. L'auteur du
Caïd, doux et caressant dans les épanche-
ments de l'intimité, était ordinairement,
non pas triste, comme on l'a dit, mais pensif
et mélancolique. Il aimait la solitude. Ses
amis lui avaient donné un surnom signifi-
catif : ils l'appelaient « M. de Sombre-
Accueil ». Il fallait passer outre avec
lui : « M. de Sombre-Accueil » redevenait

bien vite « le bon Thomas » de M. Ingres.

* *

Je fus bien embarrassé à la mort d'Auber, qui était directeur du Conservatoire. Gounod et Reber se mirent sur les rangs. Ambroise Thomas ne m'écrivit pas ; il ne vint pas me voir. C'est le baron Taylor qui se chargea de défendre auprès de moi les intérêts de sa candidature. Je puis dire que je n'avais pas de conseiller. Charles Blanc, directeur des Beaux-Arts, était très autoritaire, même avec son ministre, quand il s'agissait de peinture, mais dès qu'il était question de musique, il disparaissait et me laissait toute la besogne sur les bras. Après une longue hésitation qui s'expliquait par mon amitié pour Gounod et pour Reber, je me décidai pour Ambroise Thomas, me souvenant qu'il s'agissait de donner aux jeunes gens. non seulement un chef et un modèle, mais un directeur digne

de ce nom, et comprenant toutes les obli-
gations qu'il impose. J'eus le malheur de
dire qu'il fallait donner pour successeur à
Auber un savant et un patriarche ; Gounod
comprit, et me dit avec sa cordialité ordinaire que j'avais fait le meilleur choix
possible. La mémoire d'Auber trouva immédiatement des défenseurs qui avaient
jusque-là passé leur temps à le dénigrer.
Ils assurèrent que je venais de faire une
diatribe contre lui, moi qui l'avais toujours aimé, admiré et défendu en toutes
choses, excepté dans son administration
du Conservatoire.

Ambroise Thomas, lui, se montra un
administrateur modèle. Il remit partout les
règlements en vigueur, sans faiblesse et
sans minutie. Il s'attacha à rétablir dans la
maison le respect des maîtres, anciens et
nouveaux. Il se garda bien de les sacrifier
aux nouvelles idoles. Il sut aussi se garder
de l'esprit d'exclusion. En un mot, son
administration fut celle d'un sage ; elle fut

aussi, à l'égard des élèves, celle d'un père.
Il était plutôt grave que souriant, plutôt
sévère que débonnaire ; mais quand on le
connaissait, on savait ce qu'il y avait de
bonté et de généreux dévouement sous
cette sévérité. Il était surtout passionné
pour la justice ; et on le vit sur-le-champ,
à la façon dont il régla et dirigea le concours. Je regarde comme un honneur particulier pour lui d'avoir su s'entourer d'auxiliaires tels que M. Rety et M. Weckerlin.
Il donna une nouvelle importance à toutes
les parties de cette administration compli-
quée, même à la bibliothèque et au musée
— qui s'enrichirent, sous son règne, de
donations et d'acquisitions importantes.

**

Il était devenu le représentant officiel de
la musique, par sa situation à l'Institut,
par sa place au Conservatoire, par l'hono-
rabilité incontestée et incontestable de sa
vie entière et par l'éclat de ses ouvrages.

On lui avait donné le grand cordon de la
Légion d'honneur, distinction qui, avant
lui, n'avait jamais été accordée à aucun
musicien. Il fut président de l'Institut pendant les fêtes du centenaire.

Il accepta toutes les besognes que cette
tâche lui imposait, et les remplit à la satis-
faction générale, avec la dignité simple et
grave qui lui appartenait, et avec l'activité
d'un jeun homme.

Ce jeune homme avait quatre-vingt-quatre
ans. L'Institut avait décidé qu'un seul discours serait prononcé pendant la durée des
fêtes, et il eut le tort de désigner pour le
représenter, et pour prendre la parole dans
le grand amphithéâtre de la Sorbonne, en
présence du président de la République,
des ambassadeurs et des grands corps de
l'État, un autre octogénaire, qui, par sur-
croît, se trouva atteint d'une cataracte
double au moment de la cérémonie, et trop
tard pour se faire remplacer. C'était l'occasion de donner une grande importance à la

musique aux dépens du discours. Je représentai que l'orateur ne pourrait pas lire ; que le discours, d'où la politique et la philosophie seraient exclus, n'aurait qu'une valeur très secondaire ; que nous possédions, au contraire, d'admirables exécutants ; que notre bonne chance nous donnait comme président Ambroise Thomas en personne.

Qui mieux que lui pouvait donner un attrait souverain à la production de nos chefs-d'œuvre ?

Nous eûmes beau faire valoir les meilleures raisons du monde ; nous échouâmes devant l'obstination d'Ambroise Thomas, dont les résolutions furent immuables : le *Chœur de Joseph* pour commencer, et *Gallia* pour finir : le grand maître ancien, Méhul, et le grand maître nouveau, Gounod : nos deux musiciens ; il ne sortit pas de là. Je m'étais fait indiquer par les hommes les plus compétents des morceaux superbes d'Ambroise Thomas, qui pouvaient s'ajouter aux fragments de *Gallia*. Je proposai à la commission de les introduire dans les programmes sans se soucier de son président ; mais le doux président, qu'on trouvait toujours prêt à déférer aux sages avis, se montra intraitable pour cette fois : « ou l'on jouera exclusivement du Gounod, ou on ne jouera pas de musique « contemporaine » ; il fallait se résigner.

Le succès du centenaire de l'Institut lui donna l'idée de célébrer aussi un centenaire du Conservatoire de musique. Je regrette bien amèrement que le temps lui ait manqué pour cela. C'était un beau couronnement d'une belle carrière. Paris ne lui aurait pas épargné les ovations. Nous aurions eu le plaisir d'assister à la glorification d'un grand artiste et d'un grand homme de bien. La jeunesse n'aurait pas manqué à cette fête, comme elle avait malheureusement manqué à l'autre. L'Institut récompense le talent ; le Conservatoire le prépare.

On a recherché les causes de la mort
d'Ambroise Thomas. Hélas ! mes amis,
ne cherchez pas ! il est mort d'une maladie
qui n'est pas commune, mais qui est mortelle ; il est mort de ses quatre-vingt-
cinq ans. On dira qu'une grande joie y a
été pour quelque chose. L'opéra, cet
hiver, a consacré de belles séances à l'au-
dition d'œuvres nouvelles et de chefs-
d'œuvre. Il a donné le prologue de *Françoise de Rimini*. L'exécution a été parfaite, le succès immense. Cet auditoire de
deux mille personnes a été saisi par cette
musique qui était une nouveauté en dépit
de sa date. Les applaudissements ont
éclaté comme un tonnerre, du haut en bas
de la salle. Le maître était là, à sa place
ordinaire, à gauche vers le milieu des
fauteuils d'orchestre. « Le voilà ! » s'est
écriée une voix. Aussitôt tous les specta-
teurs de se tourner vers lui, et les applaudissements de recommencer, de redou-
bler, de se prolonger. L'illustre vieillard

en avait les yeux pleins de larmes. Honneur au peuple qui récompense ainsi le génie et le travail ! Il rentra chez lui en proie à une émotion qui ne le quitta plus, et à laquelle sa santé ne put résister. C'est de cette joie qu'il est mort. Si c'est une légende, et je crois plutôt que c'est une vérité, la légende est belle. Elle est digne de la vie et des œuvres du cher maître qui vient de nous quitter. L'auteur d'*Hamlet*, de *Mignon*, du *Caïd*, de *Psyché*, du *Songe d'une nuit d'été*, de *La double échelle* et de *Françoise de Rimini*, sera mort dans son triomphe.

TABLE